長生不死行動指南

陳弘裕——著

自序

當我的年紀越來越大，現今世界對我的誘惑越來越少，而未來的世界卻越來越吸引我。

這不是一本小說、散文，請不要評論文筆的好壞。

這是一本新創實驗的想法，或許可以讓人有信心、快樂的活著。不論是人的這一世，還是未來世。

「長生不死」有沒有可能，在本書導讀之前，我用我的論述說明一下，同時本書也會介紹一些書籍，給各位做參考，我的說明若無法說服各位，那麼序言看看就好。

好！

現在你能看到這一本書，代表現在是最好的時代，人類最好的時代，以前不論如何，都已經過去了，從現在開始你應該將會重生。

文中所舉的人名、地名、時間可能不一定正確，但這不重要，不用刻意去確認，這不是一本考據、論文的書。這不是本書的重點，在此特別聲明。

我不善言詞，也不喜高調，出版本書也並非我所願，但是這一計畫，必須要有志同道合的人來一起研究，才有可能。一個人空有夢想、理想也是沒有辦法達成，所以我不得不藉由多方管道來說明這一個實驗計畫，這乃不得已的做法。

我為什麼堅持六十歲以上或退休的人才可以看，這是有原因的。

因為，這一計畫仍須年輕人持續的投入科技的發展，必須科技越進步，才有可能達成，所以讓年輕人來看，實在不妥當，對我們的計畫反而是有害的，所以我把本書閱讀的年齡限定在六十歲以後或是退休以後無所事事的人。

因為這個科學實驗的前面階段，投入者必須要有時間練習才可以，短者二到三年，長者五到六年，因此六十歲以後或是退休以後無所事事的人來看，最為適當。

本來我是一個樂觀快樂的人，但從民國一〇五年想到人有可能永續長存時，我變得悲觀與不快樂，甚至憂鬱，因為我知道有這長生不死的可能性，但要完成它也不容易，但還是有萬分之一，十萬分之一，百萬分之一的可能性。然而這一發現，讓我覺得其他任何的成就都是小兒科的事，這一個體悟，不知對我是幸或不幸。

我們必須要有一個行動指南。

任何科學的研究，必須要有計劃的實驗才有可能成功，更何況我們這一種人體加上科技的實驗，若沒有一定的方法，以及人力、資金的投入，絕對無法成功，同時這還是一個有爭議的題材，稍加不慎，都有可能被誤解為斂財的手法，因此我寫下必要的行動指南，有助於投入者的信任，也讓旁觀者不要藉口揶揄，這本書的出版，有它的目的。

同時寫下行動指南，可以讓人客觀的評斷可能性，集思廣益也無不可，我深信有興趣投入者，都會認為這不同於一般思維，這是一個先進的想法。

我深信每一個人都熱愛生命。

我認為時代在進步，現在一個五十歲的人，大概已經完成了古人一輩子的工作，甚至是兩輩子的工作，想想看，以前一個從廣東要到北京做生意或趕考的人，要花多少時間才可以到達，現在只要飛機一搭，半日內就可以抵達，以前要花至少一個月或二個月的時間，舟車勞頓，和現在比相差了幾倍？我想一百倍都不止，因此現在的中年人很早就完成了，古人一生所有的工作，但是現今社會上也衍生出很多的知識以及樂趣，你有更多要學習的地方，也可投入到更多樂趣當中。但這也讓你的時間更不夠，這是一個吊詭有趣的結論：學問知識越多，造成你的興趣越多，而你越流連於人世。直白的說，就是你會越害怕死亡，醫學的進步，任何絕症，只要發現得早，幾乎都可以治癒，你可以活得很長，人類的平均年齡，從四十歲直升到八十歲以上，讓人不可思議，未來甚至上看平均一百歲。不過活得越長，越不想死，死亡越來越可怕，我還沒有看到一個樂於死亡，說我活夠了，每一個人都覺得不夠，這是一個非常有趣的問題。

人們害怕死亡，熱愛生命，這很好，但是因為害怕死亡，所以不敢想到死亡，因此你必須把生活當作一部機器在運作，讓你沒有時間思考，一停頓，就會想到死亡，所以政治人物，就算達到頂峰，仍然不滿足，還要找一些事做做，比如已經做到了總統、副總統的高度，退職後還要想有沒有可以做的事，選個台北市長或上臉書講講自己的觀點，為什麼？不能放空，放空就是想，想到死亡，因此必須找事幹，但是不論如何？死亡還是會找上門，死亡前的最後幾個月，還是在後悔。

商場巨擘更是如此，已經證明了你是一位經營幹才，很會賺錢，但是還是不死心，繼續賺，要證明什麼？不是要證明甚麼？是不能有閒，一有閒，就想到死亡，不甘心，賺這麼多錢，買不到長壽，所以繼續忙下去，直到死亡前，還是不能瞑目。

有些人，臨終時，很坦然，那是因為這些人書讀得夠，知道人力無法扭轉天命，故只好裝做瀟灑，內心還是無法放下。

是的，想到目前有這麼多可以學習的課題，有這麼多可以身歷其境的有趣事務，一輩子真的不夠用。

我們人類在一百年前，是無法想像飛機這麼重的東西可以飛上天，現在還可以月球漫步及火星探險。

為什麼我們現在不能想想，我們可以長生不死呢？我們知道未來有這可能，科技界也正在做冷凍身體、意識程式、奈米碳管仿神經元等科學實驗。

但是我們要的，就是這一世代，你我的世代，能夠長生不死，而不是未來的人類可以。

這是一個重點。

對於熱愛生命的人，決不會錯過這一個「長生不死」的可能性。

現在有可能達成嗎？當然有可能，否則我寫這一本行動指南幹什麼？

為什麼有可能達成？因為我結合了中國古代道家理論之「內金丹學」及一般先進科學的先進技術，讓長生不死變成有可能。

長生不死方程式就是：

（你的靈魂（同意識，以下不再註明）＋靈魂保存的載具＋未來先進設備所完成的仿生身體＝長生不死）

有興趣的，請繼續閱讀「導讀」內容。

同時長生不死的投入研究，我認為還可以解決現在的「長照問題」。

我希望這一個計畫「長生不死」，我們用另一種思維，或許可以讓人類生活的更好。

我有我們的做法，因此就有本書的誕生，藉由本書，讓有興趣的同好，勇於加入我們的計畫，而完整的計劃就呈現在本書中。

因為有以上的夢想及理念，這本行動指南，就此誕生了。

讀者若對本計劃有所興趣，書中所提到的相關書籍，請有空時可前往購買參考保存。

目錄 Contents

第四章：啟示感言 263

導讀

這本行動指南，我分成幾個部分來說明，首先當然是要說明，長生不死的可能性，有可能性才值得繼續研究實驗下去，否則沒有任何的可能性，不就是畫大餅，毫無意義。

我來說說長生不死的可能性，文中或有提到「長生不老」，基本上與「長生不死」是同義的，所以我僅量以「長生不死」為主，當然國外有說永生不死，基本上是一樣。

我們知道最早傾全國之力尋找長生不老的帝王是誰？秦始皇。當一個帝王有這個意願時，就會有很多人一窩蜂地去研究，跟我們現在一樣，當科技轉向網路發展時，大家就會全力投入，等到人工智慧發展有前途時，大家也是一窩蜂的投入，而且都是最優秀的人才。

同樣道理，秦朝時由於秦始皇的熱衷，到了漢朝四百多年，晉朝二百多年，再到宋朝四百多年，經過這麼久的時間演變，難道沒有一點成果出來？當然有，就是道家養身之學，它要達到長生不老有兩個派別，外金丹學及內金丹學，早期以外金丹學為主流，因為此派的論述為，金屬如金銀銅等不會腐朽，但是肉體會腐朽，假如人的身體變成金屬以後，自然可以長生不死，但要使人的肉體變成金屬，只能服食丹藥，從內在質變，若能使人的肉體變成現在所謂的鋼鐵人，就可以達成了。

所以漢朝以後很多方士都是以煉丹為主，這個理論聽起來也是滿合理的，但是當時人不曉得改變金屬時，必須加入汞等一些有毒物質，造成後來服食者皆死於中毒，尤其是皇帝、達官顯要者。但請問當時的這些人難道是傻子嗎？當時一定有另人信服的原因，只是結果不好而已，就如同我們現在這麼多的生技產品，使用後最終有無其他副作用，有時也要幾十年後才知道。

但畢竟外金丹學，所煉的丹藥，容易使人死亡，也是事實，所以慢慢地就沒有人再嘗試了。

而另一種學派為內金丹學，就是透過煉功方式，達到靈魂分離的狀況，可是為什麼當時沒有被推廣開來，而且只是變成養身氣功等之流？原因是，當時科技並不發達，就算是靈魂出體，你很難證明，同時若靈魂出體太久，肉體一樣會腐爛死亡，因此雖然有很多人煉功而成，羽化登仙，但必竟肉體還是一死，與死亡何異？雖說靈魂不死，可以遨遊萬物之間，長生而不死，永享極樂，但眼未能見，豈能讓人相信，同時煉功並非一蹴可及，必須經過數年，乃至十數年，當時的人平均壽命五十歲，沒有那閒功夫，所以就算有人做到了，仍然不吸引人。

靈魂能和我們身體分離，是我們長生不死的必要條件，假如你是一位宗教信徒，你一定相信人有靈魂，只是一般都是認為死後的靈魂，或許會轉世投胎，或者可以永生存在於天堂或地獄中。但我們是要在人活著的時候，煉功讓靈魂能夠和身體分離。

但如何煉功呢？我認為最好的書籍為王德槐先生所著的《中國仙道之究竟（內金丹法）》，本書立論及說明深入，可當參考書。同時王德槐先生，為公務人員退休，而且做到財政部關稅署署長，基本上，胡謅的可能性不大，是值得信任的，同時他還有多位的弟子可以證明，我們集資成立後，也可前往拜會請教。

接下來本書將分為以下幾個部分來說明：

第一部分為如何用「內金丹法」達到道書所說的「出陽神」，而讓靈魂出竅的方法，本書主要採用王德槐先生的書，加以改編，有興趣可以直接購買該書參考，這是本書最主要的內容之一，是一個實踐的步驟，按部就班，應該可以做到。當然其他古書，也可以參考參考。

王德槐先生的書，主要是教人成仙，它分四個階段，我們不是要成仙，所以我們只要靈魂能夠出竅即可，階段如下：

一、是煉精化炁的入門階段。

二、是煉炁化神的中成階段。

三、是煉神還虛的上成階段。

四、是還虛合道的大成階段。

根據該書第六十三頁所書：

「在整個仙道修煉過程中，一般大概可區分為煉精化炁、煉炁化神，煉神還虛，還虛合道四個階段。大周天的完成，煉炁化神的開始，以後的境界，大體上可區分為十月養胎，三年乳哺，九年面壁等階段。所謂十月懷胎，指大周天採藥結丹以後，會在位於中庭部分，發展出類似女性懷孕的長胎情形。張三豐祖師作的〈無根樹〉：『無根樹，花正明，月魄天心逼日魂，金烏玉髓玉兔精，二物擒來一處烹，陽火陰符分子午，沐浴加臨卯酉門。守黃庭，養谷神，男子懷胎笑煞人。』指的就是這段功夫。十月胎圓，陽神出竅門，很多門派又另有一段訓練陽神的出神功夫，這功夫為時約需三年。所以一般又稱之『三年乳哺』。這都屬於『煉炁化神』的範圍。待三年滿後，陽神已經訓練得健壯、老練，可以任意離開色身，遨遊四海，遍歷色界時，又要進一步將已鍛鍊成長的陽神收回，重安爐鼎，再立乾坤，再修再煉，復返虛無。這段功夫為時約需九年。故稱九年面壁，這就是所謂的『煉神還虛』階段。完成這一段功夫後，自然就進入『還虛合道』境界了。」

所以從王德槐先生所述，煉功時間約為：

煉精化炁約為一到二年。

煉炁化神約為三年。

煉神還虛約為九年。

還虛合道為無限年。

我們的重點只到煉炁化神這一個階段，合計就是四到五年，就是練到「出陽神」即可，時間不太多也不太少，一般人尚可接受。

煉精化炁的程序為：採用呼吸法、打通任督二脈、通奇經八脈、完成小周天。

煉炁化神的程序為：採藥結丹、十月懷胎、出陽神。

出陽神就是我們煉功的最終目的。

至於該書所說的，煉神還虛及還虛合道，不在我們的煉功計畫，同時我認為也不需要。

第二部分為本人所蒐集的一些古書摘錄，提及相關長生不死的觀點及如何採用內金丹法修煉，達到長生不死的境界，這可以讓讀者很快的一窺長生不死的堂奧，同時本人都是借用白話文表達，因為時代進步到現在，你的時間有限，看文言文，我的建議是下輩子再看，若你無法長生不死，現在讀，好像有點浪費生命，因此我是用白話文詮釋，同時我也標明出處，有興趣的讀者可以購買原書觀賞。

有些古文書說明長生不死的可能性，與當時一般人的質疑，而予以反駁的言論，真是精采，想不到距今千年的古人觀點，和現在的人，也沒有什麼改變，真是有趣。看這一部分是了解長生不死的捷徑。

第三部分為未來作法說明，煉功完成，當然有我們的計畫，是要讓靈魂保存下來，否則煉功就沒有意義了，這一部分將說明，加入我們的應備條件，同時在煉功的期間，公司的運作為何，另外公司設立的原因，以及說明集體煉功的必要性，靈魂保存的科學方法，公司如何永續經營等。

為了保障每一位投入煉功的同好參與者，我們要求投入者必須成為股東，這也是避免外人用異樣眼光，認為本公司為歛財公司，這也是本計畫執行的一個條件，讓公司在未來發展上有一個規範遵行，當然這一規範也會因投入股東的觀點，而隨時做修正，讓本團體可以更健康的發展。

第四部分為本人對宗教及生命的體悟雜記，目的只是要讓讀者了解，發現可以長生不死，基本上是有一些心得才能堆砌出來，而不是憑空杜撰，這可以讓有興趣加入研究者參考，藉以尋找志同道合的伙伴。

本書主要分為以上這四部分，而最後在附錄中，有本人最近一個月之煉功日誌紀實，供讀者參考，也會有空白的頁面，作為各位煉功日誌的使用，若有需要可以撕下，拿去影印使用。這個筆記，對煉功的人有絕大的幫助，透過筆記，可以知道你煉功的優缺點，而加以改善。我們要用場地集體煉功，就是要科學化的紀錄，了解修練者的煉功過程，如此可以讓煉功時間縮短，同時也可藉由集體煉功，了解一些修煉時的奧祕，這也是為什麼成立一家公司這麼重要的原因。

本書內容不多，當然用講的就可以了，所以我最先是用網路宣傳，公司網址為http://mysoulneverdie.com.tw。但本人覺得，網路宣傳無法寫的詳盡，同時針對六十歲以上的人，可能幫助不大，透過書籍，或許對於六十歲以上或退休的人，較便於閱讀，同時也比較慎重，這也是我想到出一本行動指南的書，可能是不錯的選擇。

導讀中我儘量把重點說出來，讓有興趣者，可以接下去閱讀，也可以讓沒興趣者到此為止，至少不會白花錢購買本書。出書賺錢並非本人出書的目的。

第一章

實驗程序

序言中提到，長生不死方程式就是：**（你的靈魂**（同意識，以下不再註明）**＋靈魂保存的載具＋未來先進設備所完成的仿生身體＝長生不死）**

因此我們要完成長生不死的程序就有以下幾個步驟：

第一，讓身體內的靈魂能從肉身分離出來（本章說明）。

第二，透過對靈魂的了解打造出一個生活空間載具，讓靈魂居住或暫眠（第三章說明）。

第三，用公司永續經營的概念，永久保存這一個靈魂（第三章說明）。

第四，直到未來科技進步到可以做出仿生機器人，同時也研究出可以讓靈魂操控這個仿生人的時候。

當完成第四個階段的時候，新人類就誕生了，而這個新人類知道他的前生，亦即肉身時候的一切，時間或許是五百年前的事。雖然到那時候人類或許不會死，但是能夠有一個或很多個存活五百年的靈魂，可以重現，這就是一個奇蹟。

我們從科技的進步，從十九世紀，汽車的發明，到現在無人車開始起步，二十世紀初飛機的發明，到現在太空船的實現，同時電腦的發明，短短三十年間，改變了整個世界。機器人的時代已經到來，這個世界越來越有趣了。若你只有一輩子八十、九十歲的壽命，時間怎麼夠讓你體驗這個世界的多彩多姿的種種呢？我們明知未來可以達成，而卻屆時無法親身參與，怎麼不會令人遺憾終身？

正值此刻，乃是人類社會最偉大的時刻。

我們必須要有所行動，這個長生不死的行動，乍看起來，是有點荒謬，但我們仔細想一下，並不無可能。

我們必須要有一個行動指南，一步一步來達成我們的目標。

本章主要談靈魂如何從身體分離出來，這是一個先決條件，若分離不出來，後面一切都是空談，這是最重要的。

靈魂和身體分離的方法，我們採用的是道家的「內金丹法」。

我們實施的步驟如下，第一、二步：

第一步　請放空

開始的時候，你必須撥出時間，每天從一小時至二小時，這個時段是煉功時段，因此消除雜事的干擾，非常重要。

就如同一片積體電路板，它有很多塗層，每一層都必須沒有灰塵附著才行，它堆疊層次越高，用處越大，功能也越大，基本上我們透過呼吸要把純淨沒有被思緒汙染影響的「炁」，存放於丹田之中，就必須心無雜念，因此如何讓腦筋在煉功時沒有雜念，這就是一個學問，因此我們可以找一段時間讓腦筋保持空白，比如你可以運動慢跑，事實上有跑步經驗的人也知道，跑步時你也會想很多事，同樣的，當你靜坐時，想的東西也很多，唯有看電視時，腦筋反而是一片空白，這可以推論一點，思緒的運作跟眼睛有所關連，似乎無法一心多用，因此，如何找出自己甚麼時間點，自己最能放空的時間，只好靠自己，而且這個時間點，人必須非常清醒，以前我都喜歡找快要睡著時才來煉功，結果最後就是呼呼大睡了，當然一事無成。因此煉功者要摒除雜務，所以煉功這一件事，對於退休的人或是六十歲以上的人較為妥適。

我可以教的方式，就是煉功時間的選擇，由於開始大概只要二小時，因此你可以安排早上五到八點，這個時段被干擾的機率很低，另外下午三點到五點，因為剛忙的事大都在早上辦完了，吃飯也吃了兩餐，晚餐這一頓飯就不重要了，同時晚上八點到十點也不錯，少看無聊的電視、手機，做完後就可以準備睡覺，因此每天要撥出一段時間是不難的。但如何有效的放空，才是困難，因為根據本人經驗，越靜想得越多，而且都是想不好的。所以為什麼人必須把自己行程弄得滿滿的，因為不能靜，一靜就胡思亂想，反而很痛苦，所以一些名人，都很忙，雖然很忙，他還是覺得很快樂，美其名「樂在工作」，事實上是「害怕孤獨」，因為孤獨寂寞更是可怕。

做任何一件事，都是要付出代價的。

我常舉一個例子，專注一件事，就一定會成功，最有名的例子，就是我們的前總統陳水扁，據說他大學時為了要考上律師，大學四年只讀了一本課外書，其它時間就是在讀法律的書，他的專注讓他考上律師，做上總統，他是非常專注的人，非常值得佩服的一個人，國外能像他這麼專注的人只有一個Johnwicker（《捍衛任務》的主角基努李維）。

想要煉功，首先要學的是放空自己。

現在就開始。

放空的方式，你可以呆坐，可以躺著，可以站著，方式不一，唯一的要求不能昏昏欲睡。早期我煉功時，身體狀況好的時候工作，而身體狀況差的時候才靜坐，當然效果很差，沒有長進，後來研究才知道方法用錯了。

有人提議一個方法讓初學者可以慢慢來體會，就是用「數息法」，心中依呼吸默念數字，每一百下輪一次，慢慢地就可以不數而放空，所以重點是不數而放空，數息法是一個過渡方法。

能放空就能煉功。

地點的選擇

對於地點，當然是室內為主，雖然有人說室外，有樹有草，可以吸收大自然的靈氣，不過對於開始煉功的人，不一定是好的，因為有太多的變數，放空訓練還是以家裡為優先，等到可以開始煉功時，在家裡練，或者加入本公司後，公司會另闢集體煉功場地，以加速實驗的進行。

只要你家有可以放空的地方，不會有人隨時干擾就可以了。

當然坐在那裡什麼事都不做，真的不容易，你會覺得浪費二個小時，二個小時都做這個，簡直浪費生命，這種心思會一再浮出心裡，這就是煉功。當你能習慣時，就可以步入下一個階段。

煉功前的心理建設

我們所練的功是依道家的「內金丹法」中的招式：

一為煉精化氣（炁）；

二為煉氣（炁）化神；

三為煉神還虛；

四為還虛合道。

根據書載，練成後就成仙了。不過我們只練到第二階段，就可以了。

以下我們用字「練」是指普通練習的意思。而「煉」字，則專指我們的實驗煉功用字。用字「氣」是指普通存在之空氣。而「炁」是指更細微更精純之氣的意思。本書對此不做特別之歸屬分類，讀者可自行判斷。

提到煉功的心理建設，就是要保持純潔的赤子之心，我們人從小開始接受教育，進入職場工作，每天都在競競業業的工作，思想行為舉止，難免老練油條，長年算計，專注於煉功就有一些困難，應該有歸零開始的感覺，人生中所經歷的恩怨情仇都可以拋去了，人生即將重新開始。

第二步　好好煉功

這是最關鍵的部分，若沒有人練成，也就沒有後續的說明，但依照古今很多的書，煉功而成的，大有人在，因此我們應該可以很樂觀的認為，假如投入者有心，同時有好的計劃，完成這一步驟並不難。

從下面的煉功步驟，看起來也要四到六年的時間。所以絕非一蹴可及，這是考驗耐力的試煉。好在不會耽誤各位其他的冗事或家庭生活，只要工作休閒時間調配得宜，這種煉功不會影響居家生活，這是可以跟另一半溝通的。練習時間點為五到八點，十五到十七點，二十到二十二點等，尚且也並非全部的時間都來煉功，而是找出自己最適合的時間。

同時煉功後，也並非成仙後就離開人世，或者不知何時會離開人間，練好後自己是可以決定自己要保存靈魂的時間點，可能是生命終結的前半年，才決定靈魂出離身體，保存備用。因此一點都不會影響到與家人的生活作息。

自行煉功開始

打通任督兩脈（預計時間一年）。

這一部分，市面上的書籍很多，可以買一些參考書籍，選擇適合自己的方式，來打通任督二脈，我的方法是用以下的方法，各位可以參考參考。

訂定出每天要完成的煉功次序，每天一定要做到，再輔以其他較為強度的運動即可，每日完成，三個月便有一點改變，若自己有感覺到一些改變，自然就會有成就感。

平日可做以下運動，強化煉功成效：

早上敲膽經五分鐘；

早上敲肝經五分鐘；

下午平蹲五分鐘；

下午收肛練習五十下；

下午或晚上呼吸練習三十分鐘；

下午太極拳練習十分鐘；

再輔以其他運動。

有了上述的基本練習後，我們就要開始煉功了，我們參考的書籍為《中國仙道之究竟（內金丹法）》王德槐先生著。

所以以下部分主要為王德槐原書內容，如何煉功，以及如何到出陽神，說明淺顯易懂，對煉功者很有助益，當然也可以看本書第二章之〈古文觀止〉內容也可。衷心建議，若看以下說明，請撥空前往購買王德槐先生的著書一本，謝謝。

（一）煉精化炁（亦曰築基）

煉精化炁功夫，又稱築基功夫。築基功夫一般可依以下三種方法擇一為之：

一、靜坐法——開始煉功時不推薦此法。

二、呼吸法——又稱吐納法，效果較靜坐法為佳。

三、站樁法——又稱馬步功夫。

建議先採呼吸法，待煉成「炁生」後，再用靜坐涵養來得好些。呼吸法中有分逆呼吸法及自然呼吸法，開始而言採行自然呼吸法即可。

一、練習前的準備

（一）、姿勢可採坐姿或立姿，但以立姿效果較佳。練習前應先放鬆衣著及褲帶。其預備姿勢為：兩腿自然分開，兩腳距離與肩同寬、腰、背及頸自然挺直。兩眼向前平視，右手掌平貼小腹丹田部位，左手掌輕貼於右掌背上。

（二）、放鬆站妥後，先將呼吸調勻，待到心情平靜，然後輕輕閉上雙目及嘴唇，意想氣血自頭頂百會穴開始，從前後左右，四面八方，裡裡外外，經每一部位，包括毛髮、皮膚、肌肉、骨骼、關節、經絡、血管、神經、五官、內臟、四肢、百骸，逐步下降至腳底。

（三）、行〈四字訣〉，所謂四字訣，係指吸、抵、撮、閉四者而言。吸就是吸氣，抵是舌尖抵住上顎，撮指在煉功時，撮提肛門，閉是指煉功時將雙目輕輕閉上。此四者都是小周天階段中的有為法，行時要輕鬆自然，不可過於著意。

二、呼吸練習

做完前一階段，將舌尖輕輕抵住上顎後，上身微微往前傾斜，雙掌稍稍用力，略收小腹，呼出一口濁氣。呼氣過後，接著開始吸氣。剛練習時可分五次，每次吸入一小口，每口都要吸到丹田。小腹也須配合吸入之氣，緩緩向外凸起，切忌一次吸滿或一次就將小腹整個凸起。必須待五口氣吸滿，小腹才能擴張至最大範圍。吸氣時必須注意提肛。吸滿後，應停止呼吸五秒鐘，停息中肛門仍不可放鬆。待停息過後，一面鬆肛，一面仍分五次，緩緩將氣自鼻孔呼出。練習時，可維持吸氣五秒，停息五秒，呼氣五秒方式，待較熟練後，可將吸氣呼氣，調整為十秒，停息則繼續維持五秒方式進行練習，俟熟練程度，再逐步自十、五、十調整至十五、五、十五，最後調整到二十、五、二十。

三、打通任脈

當呼吸調整到十、五、十時，學者在吸氣時應集中精神，想像虛空中有先天真炁，如一道流水，發光發熱，自頂門而下，隨著吸入之氣一道一道從額頭經任脈直貫丹田。停息中，應想像丹田中的炁有如一團烈火，在發光、在燃燒。呼氣時，應想像有一股真炁，隨呼出之氣從丹田上升至兩乳間的膻中穴，並想像膻中部位有一團火球在發熱、發光。

呼吸調整到十五、五、十五時，應想像自額頭進入之炁，隨著吸氣動作，一道道自丹田經會陰、兩腿內側直趨腳底湧泉。停息時，要想像兩腳底真炁有如兩團烈火在發熱、在燃燒。呼氣時，應想像腳底真炁，隨呼氣動作，一道道自下上升，經會陰，上至丹田時，想像丹田中有火球在燃燒。上升至膻中時，想像膻中有火球在燃燒、在發熱、發光。

這一種練習，在初學階段確感不易，但不久之後即可漸成習慣。惟其練習時間每日不得少於一小時，愈久愈好。亦可分次練習。但每次不可少於十五分鐘，每日練習時數合計仍不能少於一小時。

四、煉功中的禁忌

*飯後一小時內，不宜練習，否則極易發生腹痛等不良現象。

*洗澡前後三十分鐘內，不宜練習。尤其洗熱水澡後，全身毛孔張開，

真炁極易外洩，練之不宜。但任督真通之後，此項禁忌自不必顧慮。

*切忌酗酒，酒能使人神昏，原為煉炁所不宜，尤其大醉之後，一身真炁可能全部散失。

*不宜熬夜及過度操勞，否則體力必定透支，亦為煉功大忌。

*任督未通前，僅可能避免房事，以免消耗精力，影響進步。

*必須凡事達觀，經常心平氣和，避免發生精神壓力，尤忌無明火起，大發脾氣。

五、通關前的練習

學者依上述功法練習，初時可感到全身發熱，渾身汗出。以後動作漸漸熟練，心情及身體可逐步放鬆，熱的範圍也跟著逐漸縮小，最後集中於腳底、丹田及膻中三個部位。尤其是丹田，在功夫做到某一程度時，只要意念集中，即可感到熱辣辣的一團。這就證明陽氣已經發生，並在丹田集中了。如繼續鍛煉，丹田內的陽氣會越來越強，熱感也愈來愈甚，並漸次在小腹內發生游走及衝突現象，而且漸漸向尾閭一帶移動集結。這表示開關展竅時機已近，學者應在休息時先練開關動作。其方法是，煉者可將身體面對桌面或椅背站立，以手扶住桌面或椅背，上身稍往前傾，利用尾閭向上收縮之力，集中意念，想像有炁自尾椎骨鑽入，穿過尾閭，衝向夾脊，其練習時間約十至十五分鐘左右。

六、氣通任督

學者在練習呼吸或休息時，感覺小腹內真炁流動，氣機強勁，並向尾閭大量移動時，可依前述姿勢，以手扶桌面或椅背，加強吸氣，以意念引導將炁集中於會陰。停息時，想像會陰或尾閭都有一個火球在燃燒，並夾緊肛門，想像炁自會陰移往尾閭。停息過後，集中意念開始呼氣，導炁自尾閭鑽入脊椎骨內，繼續向上行走，越玉枕自後腦中央成一直線，經頭頂百會穴至前額。然後再行吸氣，將行至前額的真炁帶下，循任脈回到丹田，俟所有的炁都回歸後，調勻呼吸略加溫養片刻，方才停火，這時任督二脈已經開通，功夫到此，已有小成。

以上功法為築基階段中最重要的一環，任督初通時，應集中意念，一口氣打通經脈。行動中切忌萌生雜念，注意分散，以致炁入旁經，發生走火現象。

七、靜坐

學者做畢前述功夫，陽氣可通任督後，河車運轉，仍須意念導引，此一階段僅屬「氣通」階段。氣通仍為後天功夫而非先天功夫。效果亦欠顯著，必須再修再煉，達到河車自轉，丹田陽氣自動自發，不假人為，通關展竅，運轉周天，到此境界，才是先天。在實際練習上，大多數學者開始都只能練到氣通地步，乃有進一步利用靜坐，引出元神，加強陽氣，以求達到法輪自轉，河車載寶的境界。

（一）靜坐的姿勢

修練仙道與佛門不同，氣動之後，不但手部會自然發生許多動作，而且中期以後，足部也出現例如以左腳大拇指，緊壓右腳大拇指的自然動作（丹經稱為接通天地）。因此佛門所常用的雙盤、單盤坐法，於仙道均不適宜。事實上待得「河車真通」後，行、住、坐、臥隨時都可以行功，姿勢如何，已非重要，所以講究姿勢也只在初階，依作者經驗，以選用自然盤腿或危坐較為適宜，不過坐時應講究「尾閭中正、含胸拔背、腰直肩沉、頭頸正直」。

尾閭中正——尾閭即尾閭關也，即臀部部位。為求坐時下盤平穩，坐時尾閭應力求中正。如採自然盤坐，並須適當加厚坐墊，以免發生歪斜。

含胸拔背——含胸是不挺胸的意思，含胸的結果，背部自然挺直，其目的在使腰骨中正。但不可因含胸而發生彎腰駝背現象，使得陽氣通關發生困難。

腰直肩沉——腰直，指坐時腰骨要伸直不可往前挺。肩沉，是兩肩不可聳起，以免影響腰骨平正。

頭頸正直——頭頂要自然向上，下顎內收，頸部自然垂直，與做體操「立正」時姿勢一樣。

以上是關於身體部分，至於手的安放，應與學者所採坐姿配合。如採自然盤腿作法，可將兩手掌輕放於兩膝蓋上或以右手掌朝上置於腹前股上，再以左手掌掌心朝上置於右手掌放在左股上。右手大拇指輕放左手掌上，左手大拇指輕放於右手大拇指上，或掌心向下分別置於左右膝蓋上。如採危坐時，可將兩手掌心朝下，分別輕放於接近小腹的左右大腿上。

（二）靜坐的要領

學者開始靜坐前，應先將門窗打開，讓室內空氣流通。但應注意，不可讓風直接吹向坐者。光線明暗須適宜，褲帶應先解開，衣著務求寬鬆。坐定後，先將一切雜念放下，保持心情平靜，然後：

＊面帶微笑，輕輕將眼皮閉上。

＊嘴唇輕輕合攏，舌尖輕抵上顎。
＊調整呼吸，使呼吸之氣，經過鼻部慢慢進出，越細、越長越好。
＊兩耳返聽，聽自己呼吸之氣以及丹田中的消息。呼吸之氣怎麼聽？當然不是真的要讀者諸君用耳朵去聽呼吸之氣，只是要你借著聽，把注意力集中在呼吸上。至於丹田？當你功夫做到虛極靜篤時，也許就有消息出來。待到消息發生，只要繼續聽將下去，自然天機勃發，元陽真炁從丹田中洶湧而出，那股子炁自會透尾閭，上百會，通閿展竅，運轉河車，絲毫不假人為。事後一二日內煉者並可感到上來的口水，別有一股甜味。呼出的口氣，會有陣陣芳香。功夫到此，任督才算真通，才算真正踏入小周天境界。

（三）靜坐須注意事項

（三之一）雜念——雜念又稱妄念，初學靜坐的人，靜坐時，你必須時時提高警覺，發覺念起時，該立刻將念頭放下，使心境復歸清淨，如此日久功深，雜念自會漸漸減少。

（三之二）昏沉——久坐之後，雜念漸減。但雜念少了之後，昏沉之病又緊跟而來。但昏沉與入靜不同，入靜是練者於入靜後，自己會感到頭腦清楚，雜念減少，對外界刺激降低，停功後全身俱感舒適，精神倍增。昏沉則在狀況發生時，出現頭腦昏昏，意識時清時糊，甚至有突然驚醒狀態。一般而論，昏沉多於久坐疲累時發生。如已練至炁行境生，自然心隨炁走，輕輕然舉，微微然運，勿忘勿助，哪裡還會昏沉。昏沉既是煉功過程中必然會發生的現象，那也就毋須太在意，要睡就乾脆去睡，待睡飽後再繼續煉，等到天心見，真炁生，這毛病就好了。

（三之三）氣動或搖擺——入靜一段時間後，有些人會感覺到有股子氣在體內亂穿，或某部分肌肉、關節發生跳動，或頭頸、身體發生搖擺等現象。這表示二種意義：第一、是你體內的真炁已經發生。第二、表示你身體某一部分氣血有欠暢通。學者遇到這種情形時，不必去理他。過一段時間，自會消失。

八、斬三尸（斬去人的物欲與喜好等劣根性）與通八脈

人雖為萬物之靈。但仍屬萬物之一，舉凡其他動物所具有的一切劣根性，也莫不與生俱備。好聲色之慾，重貨財之利，喜、怒、愛、惡無人不然，古修道之士將這種劣根性，都歸諸三尸坐祟。至於仙道也有去三尸的方法，這種方

法就是以炁貫通八脈的方法。待得八脈皆通，三尸自斬。所以在仙道修煉中，通八脈也是一個極重要的課題，其貫通方法大致可分為二。

（一）自然貫通法：又可有二種情形。

（一之一）逐脈貫通法

學者依照前述靜坐方法，做到任督真通以後，再繼續靜坐，各脈自會一一開通。根據過去經驗，除帶衝兩脈外，其他四脈開通甚易，而帶脈及衝脈則屬靈脈，對以後真修雖重要，但開通則極為不易。

（一之二）一次開通法

學者依照前述靜坐法，做到功夫到家時，忽覺丹田中炁，如爆炸般炸將開來，身中所有經脈一齊都被震開。學者又稱之為炸丹。這種情形當然極好，但卻少見。

（二）人為貫通法

這種方法是於學者不能以自然貫通法打通經脈時，所用的一種權法。事實上如河車真通，除帶、衝二脈外，其他各脈都可自通。而且依照本書方法，在督脈為開之先，真炁已先到腳底，陰蹻一脈早已大半打通，較其他派別又有不同。

茲再加說明，以供參考。

一、先通任督，積炁丹田，使河車運轉一週，待陽氣回到丹田後，再以意念引導至會陰。

二、通腳部經脈：將導至會陰的陽氣，自兩腿內側下行，至腳底湧泉穴後，稍停，再從兩腳掌外緣引氣上升。自兩腿外側，經尾閭至命門，腳部經脈即可全部打通。

三、通手部經脈：將命門陽氣繼續上引，至位於背上頸下大椎部位時，使氣循兩臂外側前行，繞過手背至兩手掌心，稍停，再從兩掌心引氣循兩手內側回到胸前正中膻中部位，再自膻中回到丹田，如此兩手經脈亦即貫通。

四、通帶脈：一般稱帶脈，常指自命門向左，繞至正面丹田，再從丹田向右，從腰部往後，繞至命門的一條經脈而言。不過真正的帶脈依作者及甚多同修的經驗，實係起自會陰，循順時鐘方向向上，作螺旋形上轉，直至頭頂中央百會穴的整條經脈。

此一經脈能通與否，關係到以後的「煉炁化神」及「煉神還虛」兩階段，當以能自然貫通最為徹底。

人為貫通法最多僅能做到打通腰圍部分，其方法如左。

（四之一）導引法：練者可於小周天行功後，待陽氣回到丹田時，稍作休息。然後再將陽氣以意念導至尾閭，並從尾閭上升至命門後，以命門為起點，引氣自左從前至右繞腰運行一週。如此圍腰部分之帶脈可通。

（四之二）轉轆轤法：略。

（四之三）迂迴轉帶法：略。

五、通衝脈：衝脈又稱沖脈，此脈事實上不可能以人為方法貫通。即使能予貫通，如頂門不開，體內真炁仍不能與外界先天真炁相通，其效果亦屬有限。這個境界一般書上稱之為「真火煉形」。

（情形可以參考原書，描寫的很好，很實際。）

六、通側脈：側脈不屬奇經八脈，而係分佈於人體左右兩側的一條經脈。此脈通之甚易，八脈通後，側脈多能自通。學者也可於小周天後，以意念將陽氣引至會陰，再從會陰導陽氣向左循小腹及胸的左側上至頭頂，然後自右側循相對部位回到會陰，即可完成。

（二）煉炁化神

（以下內容，請多以意會，較易了解。）

一、採藥及結丹（預計時間半年）

採藥及結丹是仙道煉炁功夫中最重要的一環，修煉如不能得「丹」，充其量也只有強身延年而已，因此氣功煉得再好，終不能大成，其原因在此。所以能結丹與否，事關修行成敗。而能否結丹又在於採藥，丹經對採藥部分也最為講究。

至於藥物，又有大藥、小藥之分。

小藥又稱丹頭，一般認為因煉者真炁不足以成大藥，故先得小藥。從小藥發生後，如繼續修煉，經三百個妙周天（即河車載寶，自然運轉的情形），丹熟止火，就可再得大藥，所以小周天可以有許多次，大周天則只需一次。

若本書所述以「呼吸法」入手者，倘能配合加強意念，在短時間內即可發生產藥現象，且藥無大小，一次採足，很快就達到丹熟止火地步。

實際上當藥產時，眼前一片白光恍發，兩腎湯煎，兩耳電鳴，渾身都像沸騰了一般。一個初學乍練的人，碰到了這種場面，有幾個不心慌意亂？煉者到了這種境界，唯一可做的事，就只有「持虛、守靜、勿忘、勿助」八個字。到那時候，你一定要沉著心情，勿起明覺，讓一切自然發生，自然結菓。

（有一大段講如何產生的現象，暫略。）

文中談及真意，真意即為元神之作用，所謂「靜即為元神，動則為真意」，真意與元神不過一體之兩面。所以真意實為自然之作用，學者到此境界，只須順其自然而已足。

二、**止火**

止火的意思，是指在採藥結丹時，因火候已足，不再進火之謂。在煉炁過程中，小周天的運作，一般稱之為進火、退符。進火之目的在為以後採藥打基礎，所以小周天可以有很多次，次數多，基礎也好。大周天只有一次，其道理是採得大藥後，目的已達。且結丹以後即須進入養胎階段，自無再運轉周天的必要。而丹經更強調，如丹熟不止火，尚有損丹之虞。所以丹熟止火確實有其必要。

結丹之後，任督自然停運，殊無對此特別加以講究的必要。而真正要注意的，倒是上火後，對往時終日河車矻矻的情形，心中懷念不已，不免常常想到以意念來帶動真炁，再去運轉周天的希望。作者在這個節骨眼上即曾犯過錯誤，所幸覺悟得早，不曾發生不良影響。要知道道法自然，煉炁本身雖說是一件逆轉天機的事，但就整個修煉過程來說，仍然要順乎道，合乎自然，任何與此相背的觀點及作法，都可以說是錯誤及不當。

三、**日月合璧（懷胎十月開始，時間為十個月）**

採藥得丹，璇璣停輪後，即已進入十月養胎階段。學者如繼續修煉，死心入定，做到六脈皆住，氣息全無的時候，就會發生「日月合璧」現象，這是真鉛之氣，化為一輪明月之象，真汞之氣，化為一輪紅日之情形，或謂此係丹光外映。

四、**體外周天**

任督停運後，如衝脈已通，頂門已開者，此後炁即改走衝脈，在修習此一功法時，可實施體外周天。每當炁從會陰上升，達到頭頂時，即趁勢加強意念，使炁從頭頂沖出，射向天空，然後循拋物線，自身前或身後落下，再從椅底或地下，自尾閭回到體內獲得成功，而且效果非常。不過有些文獻記載，認為這種逆流行駛方式，對已結丹，可能產生不良結果。

（本段可以參考參考。）

五、馬陰藏相

所謂「馬陰藏相」乃指在修煉過程中，男性的外生殖器及睪丸自行收縮的情形。通說男子煉至藏相，須經三年。但以作者而論，僅三個月即發生藏相現象。馬陰藏相為進入大周天重要條件之一，藏相後，雖不致影響性生活，惟因睪丸收縮，進入腹腔，必致影響精蟲之存活，因此亦必影響生育。馬陰藏相一般都因修煉功深而自然發生。

馬陰藏相乃係男性因煉炁而發生之現象，女性則於煉炁至相當程度時，可發生「斬赤龍」情形。所謂「斬赤龍」，乃指女性因煉炁而發生月經斷絕，不再出血的現象。

（所以我們要求，年齡達六十歲再開始煉功，較合乎情理。）

六、三花聚頂

煉炁功夫到得十月懷胎的後期，精、炁、神逐漸凝聚，此時精已盡化為炁，夜睡不虞洩漏，到得後來，會發生「三花聚頂」的情形。唯依作者實際體驗，所謂三花皆為炁所形成，中為翠竹、節節上升，右為灌木，左為嘉禾，三花並排橫現於頂上。

七、五炁朝元

依原作者本身的經驗是，「五炁朝元」的境界確實是有的。當修煉到某一程度後，原來與體內五臟部分肉體相結合的炁，會脫離經過，尤其心臟部分，可能因構造特別之故，其脫離相當困難，脫離時且有極痛苦感覺。

八、神移上院

神移上院係十月懷胎為期已滿，嬰兒形成，聖胎由中宮遷入上田的一段過程。

依原作者實際經驗，作者係在七十五年二月二十四日採藥結丹，到同年十二月二十三日發生神移上院現象，算時間，剛好十個月整，一天也不多，一天也不少。而真正重要的，學者當身臨此境時，務須致虛守靜，默然端坐，若有知、若無知、若用力、若不用力，心定性定，死心不動。萬般景相，聞如不聞，見如不見，方是真正功夫。

九、天花亂墜

古書云：「胎圓以後，滅盡定極之餘，露出性光，靜中外視，則紫霞祥雲滿目。頂中下視，則一團金光罩體。不可著它，死心入定，自有金蓮從地起，瑞雪滿天飛。金蓮從地湧出，上透九霄，自然化為雪片，從天飛來，繽紛而下。」以作者而言，神移上院是發生在七十五年十二月二十三日，而第一次出現天花亂墜的日期是在七十六年的二月一日。

不過無論如何，見到了天花亂墜之後，到出陽神的時間，也就不遠了。

十、開天門

開天門也叫開頂門，事實上天門不開，陽神不出。

以作者來說，第一次發生在七十六年二月九日，第二次發生在三月九日，開的都極辛苦。困難處，比諸通中脈時開頂門更有過之而無不及。第一次開到半途，因我妻進來，擾亂了神思而告中途停止。一月後再開，還是費盡了九牛二虎之力，當身內炁急烈上沖時，整個身體都不由自主地從床上跳彈而起，聲勢之烈，誠非一般人所能想像。而且整個過程完全出於自動自發，絕非事前所能預知。

十一、真空煉形

事實上，所謂「真空煉形」，不過為還虛過程之一部分而已。

（本書略去本部分，跟出陽神無關。）

十二、出陽神（剎那時得到）

確實有「陽神」這麼一件事物。但與「元神」不同，元神是與生俱來，人人皆有，存在於吾人身中的另一主宰。我們雖然看它不見，摸它不著，卻似無而實有，修煉功夫到家的人，自然體會得出來。「陽神」呢？卻不是生來就有，而是修煉者經過煉精化炁，煉炁化神等功夫，從採藥結丹開始，經過十月懷胎，以所得先天真炁凝聚、團煉出來的。

作者本來不想出陽神，一直到神移上院，開天門種種境界發生後，方始略有警覺。那知道七十六年五月二十四日那天下午，在書房中煉功，正煉到心身俱寂時，忽然發現眼前多了一雙赤裸裸的大腿，再留神時，忽然看見頭上出現一個全身裸露，伸腿坐著，頭約有銀元大小的小人，一臉茫然向前看著，一張小臉長滿了鬍渣子。再仔細看，發現那不正是我自己的縮影？我猛然警覺到出陽神了。我心想初次出神，不宜太久，以免發生意外。正思索時，忽然體內有一股毫光沖出，把那小人包在光裡。意念略一轉動間，毫光自動向裡收縮，一下子把那小東西吸進頭裡。

陽神初出凡身，形僅三寸，居於色身之傍三四尺許。凡身外所有一切，萬不可起視聽之心。無論親戚朋友、父母妻子，仙佛來參，天書下詔，或真或幻，一切境界，皆當置之度外。一切莫認，一切莫染，只死心不動，絕慮忘情，不睹不聞，以定以待。

但陽神初日，升降純熟，須擇吉日良辰，天朗氣清，乃可調神初殼。如護新兒，大霧莫出門，大雨莫行路，時刻調理，不可一時心有懈怠，恐陽神一出不回，而前功盡廢。

十三、調陽神出入三年乳哺（三年時間）

陽神一出而不返，皆因煉己未純之過耳。陽神出去，必須一意守定金光，死心不動，不著魔境，其魔自退，陽神不可輕出輕放，須速去速回。恐見自己色身形殼如一堆糞土相似，陽神不肯復入，必須從舊路出入，不可回視，恐陽神恐懼也。

乳哺者，調養訓練之謂也，亦即煉神入定之謂也。

若乳哺三年，方保無失。

總而言之，陽神不過調其出入，使之演練純熟，聖體老練。

十四、時常收放練習（前述三年內隨時練習）

陽神調出旋入，若風吹則顛，日侵則燥，在內在外俱以不見風日為安。調至三月以後，知覺稍開，宜防驚恐，或出或入俱按常情，收縱往來，不可任意。故三月前，一日出神三次，夜間不可出神，半載以後，一日出神五次，一年後，一日出神七次，只在身邊運動。二年以後，不拘日夜次數，室內室外皆可暫離色身。三年以後，則一里、十里、千里、萬里均非所拘矣。

其調神之始，一七、二七、三七而放出一步、二步、三步而旋入。或五七、六七、七七而放出一里、二里、三里而旋入，一年、二年、三年而放出百里、千里、萬里而旋入。調養三年之久仍不可久留在外，還有一定九年之功。

調神出殼，須待天朗氣清，無風雲雷電。三年以後，性體老練，以太虛為宅舍，天地山河盡是我之床枕，舉步千里，遍遊萬國，出有入無，通天達地，分形散影，有千萬億化身，遍滿三千大千世界。

（以上為王德槐原書，和出陽神的說明，基本上文字未加更動，若看不懂，可以來找我討論一二，這對煉功者很有助益。）

我們若有人完成可以出陽神的時候，代表靈魂真的存在，因此我們就要透過實驗來了解靈魂的運作，這就進入第二階段了。

而這一連串的實驗必須有一個機關可以負責運作，才能把一切的研究成果保存下來，來做廣泛的運用。而最好的方式就是成立一家公司來運作。

我們為什麼要成立公司？

在法律上，人有分自然人與法人，自然人會死亡，死亡時就有遺產的問題產生，代表人的一生完結，無法永續。而公司組織可以永續經營，因為我們的計畫，若靈魂可以成功出竅，那麼保存的機構一定要可以永續存在，才有辦法保存靈魂。同時我們要保存靈魂的載具，也必須研究開發，而且這一個研究開發必須積極的在十年內完成，若沒有完成，我們這一代投入計畫的人，長生不死的機會就降低了，我們要的是你我不會死亡，而不是未來的人類不會死亡，我們沒有那們高的道德思想，所以透過公司組織運作最好。

有人會說成立基金會如何？基金會運作現階段而言，人多嘴雜，無法有效運作，公司組織開始時，將會由我擔任負責人統籌運作，俟後，我會從所有加入股東的人中，有靈魂出竅經驗的人，選定他有興趣的子女，來擔任未來公司的負責人，因為只有煉功煉成，靈魂會被保留下來的人，他的子女才會好好的經營，讓自己的祖先，達到長生不死的心願，所以這家公司是有一點獨斷專權的，加入的股東必須有此認知。

當然，加入實驗計畫的人必須投入一筆資金，取得公司股東的資格，成為股東，成為股東才能加入本實驗計畫，開始煉功。

投入的資本分成幾個部分，一部分為開闢集體煉功場所，一部分為開發靈魂載具的資金，一部分為公司長期運作的資金。

這一個認股計畫，會在後面第三章詳述，讓讀者參考。

公司要實驗什麼？

公司成立最主要的目的，是讓投入者集體煉功，能夠很快達到出陽神的情況，然後由出陽神的人，去了解靈界概況，以科學的方法紀錄，藉此打造可以保存靈魂的方法或載具，若能發明載具成功，公司永續經營就是必須的，公司有責任保存載具，等到未來科技進步到，靈魂可以操控生化機器人時，基本上人類就可以重生了。

所以公司的實驗計畫主要有兩個部分。第一、開闢集體煉功場地，第二、研究開發能讓靈魂保存的載具。另外再加上一個尋仙計畫。

一、集體煉功場地

因為公司能夠綜合規劃集體煉功的場所，讓加入實驗的人，可以有一個安靜不受干擾的煉功場所，這樣可以加速煉功的成功。這是集體煉功的首要目的。

集體煉功可以達成最重要的實驗計畫為出陽神，然後在煉功場地，我們會讓兩個同時出陽神的人，來互換身體，如此就可以確定靈魂可以出竅及操控外來之形體。

二、靈魂載具之開發

透過公司，讓有靈魂出體經驗的人，可以逐一探索，何種器物，何種情境，何種場地，可以讓靈魂不滅，這就是靈魂載具的研究計畫。

目前本人已有初步的研究心得，提出來供各位參考一下。靈魂的存在溫度一般為攝氏十度至三十八度之間。因為當人在攝氏三十八度高溫時會休克，意識模糊，這證明了人的意識（靈魂）無法存活於攝氏三十八度以上，同時太冷時，根據醫學研究，太冷也會造成冷休克，一樣會意識模糊，溫度約為攝氏十度左右，因此由此推論，攝氏十度至三十八度為靈魂可適存溫度。

從地區而言，我們也很少在寒帶或熱帶沙漠國家聽到鬼故事，最多聽到鬼故事的是泰國，為甚麼？泰國地區很少有低溫情況，同時雖然有時很熱，但多為叢林地方，樹木茂盛下，適度地降低了地上的溫度，讓靈魂可以保存，所以造成泰國鬼故事頻傳，不是沒有原因的。異聞見多了，就變成傳說，變成風俗及習慣及故事。這也間接說明了靈魂的適存溫度區間。

因此世上有所謂的冷凍身體科技，想等到醫學發達後，再解凍醫治，我認為基本上是不可行的，因為靈魂（意識）早已不存在了。所以依我上述的觀點，就比那些科學家還要進步，不是嗎？

另外靈魂的偵測我也有一點心得，這以後再說了。

三、召喚歷代眾仙計畫

既然從古至今，還是有人煉功而且成仙的，那是否可以透過目前的科技，請祂們現身，以前的仙人若要現身，一定要借屍還魂，這樣一定會讓原先的靈魂無所適從，同時成仙的人怎可能做出損人利己的事，所以一般人無法相信有成仙的人，因此本人計畫召喚眾仙來驗證，讓成仙確實可以練成，請仙人做個驗證，當然這必須透過高端科技才有辦法，這也是成立這家公司，實現計畫的另一部分，這不是很酷嗎？

歷代有名的成仙者大概可以舉例如下數人（文字取自各家書本所載，尤其網路訊息，各位可以參考參考）。

・謝自然

有韓愈之詩為證明，由於韓愈為人正直，不會趨炎附勢，可信度極高，因此有此詩作，證明其可信也，其詩作收錄於《昌黎先生集》中，內容如下：

「果州謝真人上升在金泉山，貞元十年十一月十二日辰時，白晝輕舉。時郡守李堅以聞，有賜詔褒諭，謂所部之中，靈仙表異，元風益振，至道彌彰。其詔今尚有石刻在焉。公排釋老，斥異端，故詩有所不取。」

全詩如下：

「果州南充縣，寒女謝自然，童騃無所識，但聞有神仙。輕生學其術，乃在金泉山，繁華榮慕絕，父母慈愛捐。凝心感魑魅，慌惚難具言。一朝坐空室，雲霧生其間，如聆笙竽韻，來自冥冥天。白日變幽晦，蕭蕭風景寒。檐楹暫明滅，五色光屬聯。觀者徒傾駭，躑躅詎敢前。須臾自輕舉，飄若風中煙。茫茫八九大，影響無由緣。裡胥上其事，郡守驚且嘆，驅車領官吏，世俗爭相先。入門無所見，冠屨同蛻蟬，皆云神仙事，灼灼信可傳。余聞古夏後，象物知神奸，山林民可入，魍魎莫逢旃。逶迤不復振，後世恣欺謾。幽明紛雜亂，人鬼更相殘。秦皇雖篤好，漢武洪其源。自從二主來，此禍竟連連。木石生怪變，狐貍騁妖患。莫能盡性命，安得更長延。人生處萬類，知識最為賢；奈何不自信，反欲從物遷。往者不可悔，孤魂抱深冤；來者猶可誡，余言豈空文。

人生有常理，男女各有倫，寒衣及饑食，在紡績耕耘。下以保子孫，上以奉君親，苟異於此道，皆為棄其身。噫乎彼寒女，永托異物群。感傷遂成詩，昧者宜書紳。」

謝自然生平如下（本段節錄於《華人百科》）。

謝自然（未知至794年）為唐代女道士，今四川南充人，祖籍兗州（今屬山東），世號為「東極真人」。傳說謝自然在西山（今在四川南充）的飛仙石上飛升得道。謝自然之父為「寰」，舉孝廉，曾任祕書省從事。母胥氏，亦邑中大族。自然性穎異，不食葷血。年七歲，母令隨尼越惠，經年因疾歸。又令隨尼日朗，十月求還。平常所言多道家事，因拜禮大方山頂老君像，不願下山而入道。自此常誦《道德經》、《黃庭內經》。十四歲絕粒不食。每焚修瞻禱王母、麻姑，慕南嶽魏夫人之節操。年四十，出遊青城山、峨眉山、三十六靖廬、二十四治，不久離蜀，歷京洛，抵江淮，凡有名山洞府靈跡之所，無不辛勤歷覽。《墉城集仙錄》載云，唐德宗貞元三年（787）三月，於果州開元觀詣絕粒道士程太虛受《五千文紫靈寶籙》。《續仙傳》稱自然聞天台山道士司馬承禎居玉霄峰，有道孤高，遂師事三年，別居山野采樵，為承禎執爨，幾經周折，終得傳承上清法。

後歸蜀。貞元六年（790）四月刺史韓佾至郡欲試其真偽，延入州北堂東閣閉之累月，出而膚體宛然，聲氣朗暢，佾即使女自明師事之。

七年（791）十一月，徙居於州郭。九年（793）告請於刺史李堅，築室於金泉山修煉。其神奇事頗多，據稱山神傳達將授東極真人之位，至貞元十年（794）十一月十二日白晝升天，士女數乾人咸共瞻仰。臨升天時，書於堂之東壁云：「寄語諸眷屬，莫生悲苦，可勤修功德，修立福田，清齋念道，百劫之後，冀有善緣，早會清源之鄉，即得相見。」節度使韋皋奏聞於朝，李堅又表聞，詔褒美之。李堅於金泉道場立碑，為撰《東極真人傳》一卷述其事跡。韓愈、劉商均有詩言其輕舉事。有徒鄭仙姑姐妹等，傳說謝自然在今四川南充的飛仙石上飛升得道。

‧陳摶（生平節錄於各百科叢書）

陳摶（872年至989年），字「圖南」，號「扶搖子」、「白雲先生」、「希夷先生」（「夷」指視而不見，「希」指聽而不聞），知名道教人士，常被視為神仙，尊稱為陳摶老祖、希夷祖師等。五代末，宋朝初期人，其生平事跡和出生時地眾說紛紜，真偽難辨，一說普州崇龕縣人（今重慶市潼南縣崇龕鎮）。一說華州華陰人（今陝西華陰一帶），祖籍譙郡（今安徽亳州一帶），一說亳州真源縣（今河南省鹿邑縣）人。

主張以睡眠休養生息，時常一眠數日，人稱睡仙。相傳紫微斗數及無極圖說皆為陳摶之創作。

陳摶，年少時，好讀經史百家之書，一見成誦，悉無遺忘，頗有詩名。舉進士不第而遊歷名山，求仙訪道，長期隱居在武當山、華山和少華山。據《宋史・陳摶傳》載，呂洞賓祖師曾「數來摶齋中」。又與譚峭為師友。周世宗賜號白雲先生，宋太宗賜號希夷先生。端拱二年（989年）卒於峨眉山蓮花峰。

《華嶽志》記載周世宗召見過陳摶一次，授大夫之職不就。周世宗駕崩之後，趙匡胤發動陳橋兵變，史稱宋太祖，後周滅亡，陳摶聞知宋太祖登極，聞訊大笑墜驢曰：「天下這回定疊也！」

世傳宋太祖被宋太宗謀害，宋太宗登帝位，於太平興國年間曾詔陳摶赴汴京，但陳摶始終拒絕在朝做官。宋太宗自作〈詔華山處士陳摶〉詩：「華岳多聞說，知君是姓陳，雲間三島客，物外一閒人；丹鼎為活計，青山作近鄰，朕思親欲往，社稷去無因。」還有一首〈贈陳摶〉詩：「曾向前朝出白雲，後來消息杳無聞，如今若肯隨徵召，總把三峰乞與君。」

宋太宗的使臣葛守忠有〈答陳摶〉詩：「華岳三峰客，幽居不計年，煙霞為活計，雲水作家緣；種藥茅亭畔，栽松澗壑邊，暫離仙洞去，可應帝王選。」陳摶作了一首〈答使者辭不赴詔〉：「九重特降紫袍宣，才拙深居樂靜緣，山色滿庭供畫幛，松聲萬壑即琴弦；無心享祿登臺鼎，有意學仙到洞天，軒冕浮雲絕念慮，三峰只乞睡千年。」使臣們的懇求下，陳摶只得勉強走一遭。到了帝都開封府，太宗待之甚厚。宰相宋琪等問道：「先生得玄默修養之道可以教人乎？」陳摶說：「山野之人於時無用，亦不知神仙黃白之事、吐納養生之理，非有法術可傳。假令白日沖天，於世何益？今聖上龍顏秀異，有天人之表，博達古今，深究治亂，真有道仁聖之主也。正君臣同心協德興化致治之秋，勤行修煉無出於此。」陳摶贈宋太宗「遠近輕重」四字，曰：「遠者遠招賢士，近者近去佞臣，輕者輕賦萬民，重者重賞三軍。」被賜號希夷先生。

陳摶的〈周易先天圖說〉對宋朝理學有較大影響。陳摶傳〈無極圖〉，其門派中的弟子將此說傳給理學家周敦頤，敦頤作〈太極圖〉，再傳邵雍，對易學發展有很大的作用。河圖洛書也是由他所研究。

陳摶通三教之學，多所師法。其學術思想繼承漢代以來的易學傳統，揉合黃老思想、修煉方術、儒家修養和佛教禪宗思維。他是北宋三教合流的首倡者，並且對理學的興起有重要影響。

在內丹方面，現存《陰真君還丹歌注》，實踐上，以睡功聞名於世，「不到黃河心不死」就是典故於此。

《唐才子傳》書載其羽化而去之事如下。

陳摶，字圖南，譙郡人。少有奇才經綸，易象玄機，尤所精究。高論駭俗，少食寡思。舉進士不第，時，戈革滿地，遂隱名，辟穀練氣，撰《指玄篇》，同道風偃。

僖宗召之，封清虛處士。居華山雲台觀，每閉門獨臥，或旬月不起。

周世宗召入禁中，試之，扃戶月餘始啟，摶方熟寐齁鮐。覺即辭去，賦詩云：「十年蹤跡走紅塵，回首青山入夢頻。紫陌縱榮爭及睡，朱門雖貴不如貧。愁聞劍戟扶危主，悶聽笙歌聒醉人。攜取舊書歸舊隱，野花啼鳥一般春。」

還山後，因乘驢游華陰市，見鄆傳甚急，問知宋祖登基，搏抵掌長笑曰：「天下自此定矣。」

至太祖征赴，戴華陽巾，草履垂條，與萬乘分庭抗禮，賜號希夷先生。時居雲台四十年，僅及百歲。帝贈詩云：「曾向前朝出白雲，後來消息杳無聞。如今已肯遂徵召，總把三峰乞與君。」

真宗復詔，不起，為謝表，略曰：「明時閒客，唐室書生。堯道昌而優容許由，漢世盛而善從商皓。況性同猿鶴，心若土灰，敗荷制服，脫籜裁冠。體有青毛，足無草履。苟臨軒陛，貽笑聖朝。數行丹詔，徒叫彩鳳銜來，一片野心，已被白雲留住。詠嘲風月之清，笑傲煙霞之表，遂性所樂，意得何言？」

後鑿石室於蓮花峰下，一日坐其中，羽化而去。有詩集，今傳。

如洛陽潘閬逍遙，河南种放明逸，錢塘林逋君復，巨鹿魏野仲先，青州李之才挺之，天水穆修伯長，皆從學先生，一流高士，具有詩名。

大節詳見之《宋史》云。

・張三豐（生平節錄於各百科叢書）

張三豐（生卒年不詳），本名全一，字君寶，號三豐，元末明初道士，遼西懿州人（或為福建省邵武人）。

據武當山道教中人相傳，張三豐於湖北均縣武當山修道，供奉玄天上帝為主神。另據現存武當派武術各分支派傳人及弟子相傳，亦是武當派武術的開山祖師。

按《明史・方伎傳》記載，張三豐曾在武當山結廬而居，羽化登天，後來在寶雞死而復活，還和明朝蜀獻王見過面。明太祖、明成祖派人到處尋找張三豐但都沒有找到。後來明英宗給他贈了個「通微顯化真人」的封號。

張三豐抱持三教合一思想，學貫儒、釋、道三教，更精研於理學。張三豐認為「道」為三教共同之源，道生天地萬物，含陰陽動靜之機，具造化玄微之妙，統無極，生太極，是萬物的根本、本始和主宰。

張三豐認為正邪之別比三教之分重要。他說，儒、佛、道都講道，它們的功用都是「修身利人」，「儒離此道不成儒，佛離此道不成佛，仙離此道不成仙」，儒家「行道濟時」，佛家「悟道覺世」，道家「藏道渡人」，同孔子一樣，老子所傳的也是「正心、修身、齊家、治國、平天下」的理論。儒家修養人道，仙家修煉仙道。張三豐以修人道為煉仙道的基礎，強調無論貴賤賢愚，老衰少壯，只要素行陰德，仁慈悲憫，忠孝信誠，全於人道，離仙道也就自然不遠了。他把道家的內煉思想同儒家的修正身心學說合在一起，說：「人能修正身心，則真精真神聚其中，大才大德出其中。」

他的修煉方法主張性命雙修，當時另有一名道士「張三峰」提出男女雙修，倡導房中術，此張三峰非武當張三豐，「三峰」不同「三豐」此多被後人混淆，有《張三豐先生全集》，由清朝李西月編著，是明清道教隱仙派的作品匯集，主要章節有：〈大道論〉、〈玄機直講〉、〈玄譚全集〉、〈玄要篇〉、〈無根樹詞〉、〈雲水前集〉、〈雲水後集〉等。

明英宗賜號「通微顯化真人」；明憲宗特封「韜光尚志真仙」；明世宗贈為「清虛元妙真君」。

明清時出現的道教派別多與張三豐有所聯繫，如：武當玄武派、寶雞三豐派、武當三豐派、王屋山三豐派、三豐自然派、三豐蓬萊派、三豐日新派等相繼出現。清道光年間，出現一位名叫李西月的人，自稱遇張三豐親授祕訣，講道納徒，活躍於四川樂山一帶，創立了當時最大的道派之一。

・黃元吉（生平節錄於各百科叢書）

黃元吉（1271年至1355年）字希文，號「中黃先生」，為元代淨明道道士。出身豫章豐城（今屬江西）望族，在淨明道系譜中稱淨明嗣教、旌陽三傳。十二歲入西山玉隆萬壽宮，師事清逸堂朱尊師，又得朱師王月航之教；復得劉玉器重，元吉事之如父，事其夫人如母，即使遠遊，飲食必祝劉玉而後嘗。劉玉亡故，元吉為第三代旌陽公，掌教後於西山造玉真、隱真、洞真三壇傳授弟子。元英宗至治三年（1323年），黃元吉遊京師，極得贊譽，「公卿大夫士多禮問之，莫不嘆異」。泰定元年（1324年），三十九代天師張嗣成向元廷推薦黃元吉。元廷賜號「淨明崇德弘道法師」、「教門高士」，為「玉隆萬壽宮焚修提點」。後住崇真萬壽宮，次年於京師羽化而登天。

弟子負遺劍歸西山，由旌陽公四傳徐異嗣教。黃元吉畢生弘揚劉玉的淨明「忠孝思想」，並將劉玉生平言行，輯為《玉真先生語錄》三卷。台灣的太一宗（俗稱老君派）尊黃元吉為祖師。

另有清代道士黃元吉，據載為江西豐城人，在清朝咸豐年間（1851年至1862年）在四川富順設「樂育堂」講課傳授道學十餘年，由其門人整理成《道德經講義》、《樂育堂語錄》、《道門語要》三書流傳於世。

若能煉功練得成，後續作法才有意義，但是因為我認為成功機率滿大的，所以我會在第三章更詳細談論未來的做法。看看有沒有志同道合的人。

第二章

古文觀止

在這一章，我簡要陳述一下，有關談論長生不死的中國古書內容，有興趣的讀者，可以進一步去購買閱讀，而它們對長生不死的重點部分，我就節錄在這一章裡。大部分的書籍，我是參考三民書局出版的白話譯本，因為我認為時代在進步，從頭看古文書，好像沒有多大意義，只要白話文翻譯的好，能夠表達古文書的真義，就可以了。

好，我們從第一本開始。

一、抱朴子（上）（白話文取自三民書局李中華注譯版）

本書是由東晉葛洪所著，而葛洪就是號稱「抱朴子」，他是東晉時代著名的學者，他的主要學術觀點就保存在這一本書中。

這本書分為〈內篇〉及〈外篇〉。

它的〈內篇〉主要是說明神仙、方藥、鬼神、養生延年、避邪及避禍的事。

而〈外篇〉主要是說明人世間的利弊得失，事情的好壞分析等等。

在〈內篇〉中，它建立了一個基本完整的神仙道家的理論體系。要如何成仙，它的意義就是長生不死，它有它的理論根據，我認為很有說服力。

其中他的方法主要為外金丹法，這不同於內金丹法，而這種外金丹法中對丹藥的執著，主要是基於漢魏以來流行的一種思想，這種思想即是幻想要經由服食某種本質堅固、且永不腐敗的物質，而可以達到長期保有生命的目的。

《抱朴子》中〈內篇〉序有幾段說明，很有意思。以下譯文，會有些刪減，同時文字後若有括號（ ），其中括號內文為本人所下的註解，乃是本人自己的看法，僅供參考。

頁五

（此數字為摘要書本出處的頁數，讀者有必要可以參考原書，用此表示段落，較易閱讀。節錄內文，有些文字會改寫，以便閱讀，請勿拘泥於頁數及文字。以下同。）

「道士中見多識廣、學問淵博的少，而隨意妄說的多。」

「世上有學問的人，不相信神仙之事，認為是妖妄不經之說。他們看見我寫有關長生不死之論，不只是以為迂闊而嘲笑不已，又將會誹謗之前的仙人。所以著本書的〈內篇〉，對那些不值得告訴的人，不讓他們見到。可貴的是使後世愛好長生不死仙術的人，能夠解除他們的困惑。難道是為了求得不信仙術的人，使之相信嗎？」

頁九

「玄（就是現代所稱的暗物質），是自然的始祖，是萬物的本源。」

頁十一

「那些世上榮華富貴的享受都只是虛假的現象，所以當它們過去時，便會感到空虛，內心若有所失。」

頁二四

「一個人如果喪失了聽力，即使是巨大的雷響轟鳴，也不能使他聽到；

一個人如果喪失了視力，即使是日月星辰，也不能使他看見。雷響轟鳴的聲音難道還小嗎？日月掛在天上的光芒難道細微不明嗎？然而聾子說甚麼也聽不到，瞎子說甚麼也看不見。又況且管弦演奏出優美的樂曲，山龍裝飾成秀麗的圖紋，他們怎能夠品味其中雅致和諧的韻調，怎能夠欣賞其中鮮明秀美的彩飾呢？所以聾子、瞎子的器官有毛病，他們連雷聲也聽不見，連日月也看不到，何況比這些要微弱的聲音與物象呢？當一個人精神愚昧、心靈糊塗時，他甚至連曾經有過周公、孔子都不肯相信，何況告訴他神仙之道，他怎會相信呢？

事物有存在必有滅亡，有開始必有終結，誠然大致如此。然而其中有所不同，有所差別，或者這樣，或者那樣，變化萬物，奇怪無常。或者同一物類，而事變不同，或者本源相同，而發展乖異，不可一律等同看待。關於有開始必有終結的論述是很多的，但是如果說天下之事全都如此，就不符合通達之理。說夏天萬物必定生成，然而齋菜麥類卻成熟枯焦，說冬天樹木一定凋落，然而竹子松柏卻蔥綠茂盛。」

頁二一六

「世界上的生物之中，人被稱為萬物之靈。既然是稟賦高貴的性靈，人的各方面應該是相同的。然而其中有賢有愚，有邪有正，有美有醜，有高有矮，有清有濁，有堅貞有淫邪，性格有緩有急，行動有快有慢，心靈的好惡取捨各有不同，耳目的喜愛也有著差別。這些差異之大，已經令人感到有天淵之別，好像火炭與冰塊難以相容。那麼，為什麼要對神仙不與凡人同歸於死亡感到奇怪呢？」

頁二一九

「對於仙人，只要掌握了有關的方法，做到這些並不困難。而那些見識短淺的人，只知道世俗平常之事，都說世上沒有看到仙人，便斷定天下必無此事。人所親眼目睹的事，能有多少呢？天地包容萬物，境界極大，其中奇怪特殊之事，難道可以限定嗎？人一輩子頭頂天空，然而並不知道天上的情況，人終身腳踏著大地，然而並不知道地下的情況。身體是人們所擁有的，然而人的心理意識如何產生卻不知道，生命屬於人們自己，然而壽命的長短如何形成也並不明白。況且超遠的仙道，玄妙的道，僅僅憑著世人短淺的耳目之見，來判斷神仙之道的有無，豈不是可悲的嗎？」

頁三三

「魏文帝曹丕博覽群書，見多識廣，他自己說天下之事無所不經。他曾說天下沒有可以切玉的刀，沒有可以耐火燒的布。他撰寫《典論》時，曾經論及此事。然而沒過多久，切玉之刀，火浣之布都送來了。曹丕因此嘆息，於是便毀棄了這篇文章。凡事不要過於絕對，就是為了這種緣故。」

「曹植所著的《釋疑論》說：『開始我認為道術是愚昧百姓欺詐騙人的空言。後來見到武皇帝試將左慈等人關起來，讓他們斷絕五穀近一月之久，而左慈顏色不改，氣力照舊。他們曾說五十年不吃食物。事已如此，還有什麼可以懷疑的呢？』又說：『讓甘始以藥含在活魚口中，在滾開的油鍋中煮。其中沒有含藥的魚煮熟了，可以食用，含藥的魚還遊戲整天，像在水中一樣。又用拌有藥粉的桑葉養蠶，蠶可以十月不老。又以往來藥飼養小雞小狗，這些小動物都不再長大。又以白藥餵白狗，一百天白狗的毛色全部變黑。然後知道天下之事不是都能夠通曉明白的。如果只憑推測猜想來下判斷，那是不行的。只恨不能斷絕聲色之欲，專心學習長生之道啊。』」

「曹丕，曹植二人在學問上無書不識，才華算的是一代英傑，然而最初他們都說沒有神仙，後來才承認有神仙。」

（科技日新月異，有些事件是魔術，還是要加以分辨。）

頁三五

「劉向學識廣博，能夠透徹地探究細微的物理，達到深遠的造詣。他思考問題能夠清楚地辨別真偽，深入的考察有無。他所撰寫的《列仙傳》，紀載了七十多位仙人，若是沒有神仙，劉向何必隨意編造呢？」

（以下是講秦始皇、漢武帝無法成仙原因。）

頁四十

「再說求長生、修煉至高無上的仙道，關鍵在於樹立志向，而不在富貴與否。倘若不是決心求仙之人，則崇高的地位、豐厚的財富，反倒成為求仙的多重負累。為什麼呢？因為學仙的方法，就要求心情恬靜、歡悅，澹泊沖遠，排除世俗的嗜欲與雜念，專心一意，內視自身，靜居無心，任其自然。

修仙之法要求寂靜無為，忘記自身的形骸。

修仙之法要求慈愛普及一切生靈，不要危害活著的生命。

修仙之法要求禁絕一切魚肉葷腥。

修仙之法要求胸懷天下，慈愛八方，視人如己。

秦始皇，漢武帝空有好仙之名，而無誠心修煉之實。對於已知淺近的要求，尚且不能完全照辦，精深奧妙的祕術，他們又不得而聞。他們不得長生，是不奇怪的。」

（以下是說明一般人不能成仙的原因。）

頁四三

「他們明知長生可得卻不能堅持修煉，厭惡世俗的私情榮利卻不能毅然割捨。為什麼？因為長期的私情難以一下子丟開，離絕世俗之志難以決心實行。」

「帝王所希望的事情，沒有不能實現的。漢武帝招求方術之士，給他們的寵幸待遇過於豐厚，致使這些人敢於虛偽造假。」

（所以說要有好的制度才行，這也是我要成立一家永續經營公司的原因。）

頁四九

「《神仙集》中有召喚神仙，追究鬼魂之法，又有使人見鬼的法術。世俗之人聽說此事，都認為是虛假的空話。他們有的說天下必沒有鬼神，但是不可以召來查證。有的說能夠見到鬼魂的人，男的叫『覡』，女的叫『巫』，是先天自然的能力，不是可以學得的。據《漢書》及《史記》記載說，齊人少翁在漢武帝時被封為文成將軍。武帝所寵幸的李夫人死後，少翁能讓武帝見到李夫人的魂靈，就像活人的形象一樣，少翁又讓武帝見到了竈神。這都是史書明白記載了的。方術既然可以使鬼魂現形，有可以讓本來看不見鬼魂的人看到，依此推斷，其他什麼樣的事情沒有呢？」

頁五二

「人無論是賢明還是愚蠢，都知道自己身上有魂魄。魂魄如果散失一部分人就會生病，魂魄完全離去人就會死亡。所以魂魄散逸，方士有拘收之法，人死之後，禮儀典籍中記載有招魂之事。魂魄與人體的關係，再親密不過了。然而魂魄雖然與人同在，人從生到死卻始終沒有誰見過自己的魂魄。難道可以因為未曾見過，就說他沒有嗎？」

頁五九

「仙道不容易練，又有許多禁忌。所以如果沒有超出世俗的志氣，沒有堅韌的毅力，就不能堅持修煉。或者有人心中有所疑惑，中途荒廢，便說神仙長生之術果然不是修煉可得的。」

頁七九

「不死之事已經確定，再沒有人生苦短，稍縱即逝的憂慮。正可以暫且遊玩人間，或者觀賞名山，又還有什麼值得憂愁的呢？」

「實際上說，求長生的目的正是珍惜眼前的欲望啊！本來並不急於升上天空，並不認為凌雲飛翔便勝過地上人間。如果有幸可以住在家中不死，又何必要追求迅速升天呢？若是成仙之後不能繼續留住人間，那又是另一回事了。」

（竟然和我的觀點一致，修煉成出陽神，並非就是死亡，反而可以好好享受這一世的人生，而且還可計劃來世的人生，有何不好。）

頁八八

「那些金銀滿櫃，錢財如山的人，又不知道有這種不死的仙術。即使告訴他們，也絕不會有人相信，有什麼辦法呢？」

頁九二

「所以我撰寫此篇以留給後代的志同道合者。難道是我隨便地推崇奇怪之事，修飾虛無之談，想使著作流傳於世，得到世俗的相信嗎？雖然陽光充沛，枯死的草木不會重新繁茂，即使上智之人，也不能改變下愚者的本性。書為志同道合者而傳世，物因為賞識者而顯得貴重。」

頁九四

「世人都經常說，長生如果可以得到，那麼古代的富貴者應當早已長生了。既然古代沒有長生不死的人，那就證明天下並無長生不死之道。他們不知道古代富貴者一樣，都不相信，也不追求神仙長生之道。他們都急於追逐眼前欲望的滿足，有怎能得到長生呢？

又有人擔心倘若長生不能求得，恐怕為人所笑，被認為愚昧無知。但是，萬一判斷是錯誤的，而天下果然有不死之道的話，不是同樣要被得道者所笑嗎？」

頁一二五

「但是仙道與世事不能同時有所成就。如果不廢棄世俗的事務，怎麼能實現求仙及著述的志向呢？對事物認識明瞭，態度就會堅定不移，既然不害怕世俗的批評，又怎麼會為別人的勸阻而改變初衷呢？這裡姑且批露我的心聲，以待將來的同志。若有與我志同道合的人，他之所棄而不顧者，亦將會與我相同。」

（葛洪出生在西元282年與我出生在1960年，相差了1678年，以前思想和現在似乎改不了多少。這不是真有趣嗎？）

頁一三〇

「玄理微妙難以辨識，所以疑惑不明的人很多。我的聰明才智難道能超過常人？只是在這方面我偶然有所領悟，就像鶴鳥能感知夜半將至，燕子知道戊己日一樣，至於其他的事理就未必通達了。我曾經有所考察、驗證，知道長生不死是可以實現的，仙人並非生來就得。」

頁一五二

「他們懂得生命的可貴卻不知道有養生之道，害怕死亡卻不相信有不死之法。明知飲食過度會造成疾病，卻不能節制甜美的食物，知道放縱情欲會導致身體枯損，卻不能割棄心中的欲念。我雖然告訴他們神仙可以修成，又怎能使他們相信呢？」

頁一五五

「小魚浮游在淺水坑中，就說天下沒有廣闊的大海了，小蟲在果核之中蠕動身體，便說整個世界都在這裡了。即使告訴牠們大海浩蕩無際，告訴牠們世界是多麼廣大開闊，牠們也會認為是空談，必定不肯相信。如果我眼中有方形瞳孔，耳朵高出頭頂，我也將御飛龍，駕彩雲，凌空飛翔，迅如閃電，飛往那最高的神仙世界。那麼你又怎能對我提問呢？假如那時你得以見到我，你又會將我視為天地神靈，異類知人，又怎會說我是修煉成仙的呢？我因為對於仙道較早有所認識，所以姑且以此來引導幫助後知同志，難道要強迫你們各位都相信仙道嗎？若是每家每戶都有仙人，路上並肩而行，觸目盡是，你即使再糊塗，那時也不會有所懷疑了。但是那些仙人修成後，就會騰身雲霄，遊於仙宮。世人若不能與仙人交遊，就看不見他們的蹤影，聽不見他們的聲音，那時你也一定以為沒有仙人的。世俗之人相信自己的臆斷，憑著短淺的見識，便認為所臆想之事不會有差錯。耳目所及之事便習以為常，少聞稀見之事就感到奇怪。即使提耳以懇切教誨，指掌以詳加解說，他們最終仍然不覺悟。這種情況由來已久，難道只是今天才如此嗎？」

（這也說明若在一百年前，有人說未來有鐵鳥可以飛上天空，大概沒有人會相信，說有人可以上月球，大概會被認為是瘋子一樣。）

頁一五七

「學道應該是由淺入深、由易到難。只要志向堅定，心意誠摯，沒有不能成功的。如果心中有所懷疑，就不會成功，不只是一件事如此。若是樹根不穿透土壤，而希望枝幹直插雲霄，沒有廣潭深淵為源頭，而希望洪流萬里滔滔不絕，這樣的事情從未有過。」

頁一七二

「有人想知道真人行氣意守，修煉形魄的方法。這是一個深入的問題！當修煉之始，萬籟俱寂，彷彿萬物初生，顯露出淡青的顏色，日月冉冉升起。使身中的神氣、口中的津液合為一體，從口中慢慢下行至肺室，逐漸結成大如彈丸、金黃似橘的元氣之團，其中滋味甚美，甘甜如蜜。若能得到千萬不要讓它喪失，如果失去而不及時回神則會形銷體滅。」

頁一八四

「孔子是儒家的聖人，老子是得道的聖人。儒家說的是眼前的事，容易看見，所以信奉的人眾多。道家的意旨深遠，難以領悟，所以通達的人少。然而道是天下萬物的本源，儒家只是一支洪大的流派。」

頁一八六

「孔子親自見到老子而不跟從學道，從這件事來看，更可以明白人的稟賦是自然的，人的愛好天性是不可改變的。孔子知道老子學說玄妙可貴，不同凡響，但卻不能夠從老子清靜無為的學說中獲取教益，不能尊奉萬物本源的道，深入探討道家精妙之旨。他所詢問的，只是人世間之事而已，怎麼能夠求得仙法呢？推測孔子之心，他的追求只在於人間教化，不在於神仙方術。孔子雖然是人間的聖人，但不是能夠沈靜玄默以修無為之道的人。所以老子告誡他說：『老練的商人將其寶貨隱藏起來，好像一無所有。盛德的君子容貌謙和，好像不聰明。去掉你的驕氣與世俗的欲念，克服外在的姿態與浩蕩不專一的志向，這些對你都沒有益處。』從這一段話可以得知，孔子不免於世俗之情，不是學仙之人。孔子到處奔波，忙碌不已，為的是匡救時世。仰頭悲傷鳳鳥不至，俯身嘆息不為世用，耽心無人識才，倘若富貴可求，執鞭之事也願意去作。孔子又怎肯捨棄經世的功業，修煉似乎不切實際的養生之術呢？」

頁一九一

「一些知識淵博的人，都沒有說生命可以延長，神仙可以求得。你卻大談長生不死之道，很難令人相信？

我是一個平常的人，見識淺近而又孤陋寡聞。又怎敢自命獨到超群、勝過眾人呢？不過我曾經透過顯明的事實探求幽隱的道理，以容易證實之事推求難以驗證之理。考察小的效果，便知大的成功，觀察已見之事，推求未試之事。

那些不相信天地之間有神仙的人，卻不肯作此番探求。大率有經世之才、當官理政之能的人，他們披覽典籍、閱讀宣傳教化之書，以推測眼前淺近的人事、辨析世俗愚民迷惑不明的道理。他們認為眾人的迷惑，只有我能作出判斷，尚未顯露痕跡的徵兆，只有我能先有所覺察。我對於萬物的情狀無不了然，對於幽隱難明之事無不通曉。我說沒有仙人，就一定沒有仙人。從來如此，固執己見，怎麼可以改變呢？我常見到平庸的俗儒之輩，孤守一隅，不相信神仙之事，他們的毛病在於很有些小聰明，而所知偏狹不全，又不明瞭變通之理，因而反而為小聰明所牽累。就如身處極暗之地，連豆子、小麥也難以分辨。

因為見識狹隘、閉目塞聽，拒絕了解自己認識未能達到的區域，這就好像用八尺長的繩索在百仞深井中汲水，不認為自己的繩子太短，反而說井中無水。俗人有聽見猛風烈火之聲，便說是冬天的雷聲，看見浮雲向西遊動，便說月亮向東行駛。有人告訴他真實的情況，這些人還是不相信。這是過於相信自己了。聽到某種聲音，便完全相信自己的耳朵，看見某種形狀，便完全相信自己的眼睛。但是如果所聽見，所看到的似是而非，並不可靠，那麼自己的耳朵，眼睛也就不足相信。何況內心思考判斷之事，既無形狀又無聲音，其難以察驗又超過了目視耳聞。而以自己內心的臆斷所得，便固執地否定遙遠之事，認為神仙是虛假之談，這不是太閉塞了嗎？」

（所以找尋志同道合的人，才是重點，這也是本書出版的意義所在。）

頁一九四

「我所以不能沉默，乃是希望引導那些中等智力者，使他們能認識仙道。至於那些不可改變的下愚之輩，連古人也對他們毫無辦法了。

精妙之理不易認識，神仙之道不被相信，由來已久，難道只是今天才如此嗎？最上等的人士生而知之，次等的人通過學習而後能悟道，而那些不信仙術、嘲笑仙道的人，則天下到處都是。我談論這些，恐怕會有多言之過，失言之悔啊！」

頁一九七

「人生要做許多事，很難同時做好兩件事？

關鍵的道術並不煩雜，需要去做的也不很多。只擔心不能確立志向、信而不深，何必操心廢棄人間的事理呢？有才能的人同時修持兩方面的事務，又有什麼困難呢？內則珍惜養生之道，外則混同於世俗。內治其身則身常健康，外則治國而國家太平。以六經教導世俗之士，以神仙方術傳授給同志與知音，想要暫留則輔助治理時世，想要飛騰則凌空成仙，這樣的是上士。

古人常是得道而救世，身居朝廷而修煉隱逸之事，這是因為他們心力寬綽有餘的緣故。何必修煉於山林，完全廢棄人間之事，然後才能成功呢？有的人喜歡安閒靜默，厭惡喧譁吵鬧，以隨意隱逸為歡，以為高官厚爵為憂。有的人衣著破爛，飲食粗糙，躬耕為生，而自得其樂，安貧樂道，以享天年。有的人不經營短暫之生，不畏懼忽然之死，拒絕千金的重利，藐視卿相的尊位。這些人只是追求隱逸無為之樂，尚且能夠如此。何況得知神仙之道的人，他們必定不肯為世俗所役使的，不同的人會有不同的志向，不可以一概而論。」

（這裡描述的就是我們的目標，作為上士，隨心所欲，想走就走，並不刻板。）

頁二〇二

「要想修煉成仙，應當知道關鍵之所在。」

「其關鍵之法，就是胎息而已。能胎息的人，可以不用鼻口呼吸，如在胞胎之中，道法也就成功了。」

「又行氣是很重要的一件事，就是不要多吃食物。」

「我自己實在也並未完全掌握其要訣。」

（作者真是可愛又有趣，承認自己還有不知道的。）

頁二三二

「世俗之道都是妖道、偽道。人們轉相欺騙，時間愈久則愈演愈烈。這些道術既不能治療疾病，又不能使人走出迷途，歸於大道。如果碰巧病情自動好轉，就說是神的恩賜，如果病人死亡，就說鬼不肯寬饒。愚蠢百姓受蒙蔽，乃達到如此的地步！

我親眼所見的有幾個人，他們完全不奉祀神靈，一生不祭祀祈禱，卻享受高壽，地位崇高，名聲顯赫，子孫眾多，既富有又尊貴。我自己除了四時祭祀別的神靈。我曾到各地遊歷，從陸地、水上經過時，道旁的廟宇有一百所左右，我從來不進去祭神，而車馬並無翻覆之禍，江河上也沒有風波之災。多次經過瘟疫流行之地，因得藥物之力而平安，多次冒著矢石之險，幸運地未曾受傷。更加知道鬼神對於人事，是無能為力的。」

頁二四一

「舉例說明幾個騙術。」

（其中最後一例如下。）

「又興古太守馬氏在任時，有一個親朋故友投奔前來，希望得到救助。馬氏便讓此人安住在外，假說他是神人道士，治療無不手到病除。又派能言善辯之士四處遊說，虛造聲勢，說此人能使瞎子立即睜眼看見東西，使癱瘓的人當場起立行走。於是四方之人紛紛前來，就像去趕集一樣，而此人的錢財也就很快堆積如山了。又通告各個前來治病者，即使病情尚未痊癒，也要告訴人說病已經好了，這樣說病就一定能好。如果對人說病未痊癒，那麼以後就永遠好不了。還說道法如此。於是後來的人問起先前治病的人，先前的人就告訴說病已經好了，沒有敢說病未好的。不到十天，此人便成為巨富。世俗之人多數在小事上聰明而在大事上愚蠢。聽到延年長生之法，就認為是虛假荒誕之說，卻又喜歡妖邪鬼怪之事。讓人以歌舞祭祀所謂神靈之人，都是像興古太守馬氏那樣的騙子。姑且記述這幾件事，以告誡那些迷惑不悟的人。」

（就和現在，假借宗教之名，行詐騙之術一樣，我們不得不謹慎看待一樣。）

頁三四二

「所以養生的方法，要求不遠唾，不疾走，耳朵不過度的聽，眼睛不長久的看，不要久坐，不要僵臥，寒冷之前便加衣，熱躁之前便減衣。不要極度飢餓再吃食物，吃東西不要太飽，不要渴極了再喝水，飲水也不要太多。飲食過量就會結成痞塊，喝水過量就會形成痰癖。不要太過勞累或太過閒逸，不要起床過晚，不要流汗，不要多睡，不要騎馬驅車飛奔，不要極目遠望，不要多吃生冷食物，不要當風飲酒，不要經常沐浴，不要心大志遠，不要追求異巧之物。冬天不要太溫暖，夏天不要太涼快，不要在露天裡睡臥，睡眠不要露出肩膀，不要在大寒大熱，大風大霧天氣中外出。不要偏重於某一種味道，因為酸味吃多了要傷脾，苦味吃多了要傷肺，辛味吃多了要傷肝，鹹味吃多了要傷心，甜味吃多了要傷腎。這就是五味剋五臟，是五行運化的自然之理。凡是說到傷害，並不是立即就顯現出來，然而時間長久了就會有損於人的壽命。」

頁三四九

「人生宛如光影飛馳，一會兒還是青年，忽然便衰老了。生命消逝的迅速，沒有什麼可以比擬。人生百年之壽，不過三萬多天。幼小時對世事毫無所知，年老體衰後生命毫無樂趣。除去孩童無知及衰老昏聵的幾十年，再加上危難困苦，憂愁疾病，更迭相接，這就占去了人生歲月的大約一半。餘下的生活平安，心情歡樂的日子，不過只有五六十年，轉瞬即逝。哀傷、憂愁、老病、昏聵，占去了六七千天，生命很快就到了盡頭。何況能夠活到百歲的人，不到萬分之一呢？仔細的想一想，人實在沒有資格嘲笑那生命短暫的夏蟲朝菌啊！這就是不明道術最可悲的事了。有俗語說；『人生在世，過一天少一天。就像牛羊被牽著走向屠場，每走一步距離死亡就近一步。』這個比喻雖然難聽，說的卻是實在的道理。

通達事理者所以不為死而憂傷，並非不想追求長生，乃是由於既不知長生之術，而空自焦慮發愁，又於事無補，所以才說：『樂天知命，所以不憂愁。』並不是不願長生。

再說人死之後，埋身九泉之下，宛如漫漫長夜，始則為螻蟻的食物，最終與塵土合為一體。想到這些，不禁令人悲傷痛心，為之嘆息。如果決心追求長生，為何不將並不急迫的俗務暫且擱置，以修煉長生不死的事業呢？若是不信倒也罷了，而那些相信仙道的人，又患於胸中世俗之情未能完全蕩滌乾淨，因而不能專心專意的修煉養生。這種人只在經營世務的餘暇從事於此，所以常是為時已晚而多數不能有所成就。人們所汲汲追求的，不過是權勢，財物、欲望的滿足而已。如果生命尚且不能保全，那麼即使高官重權、金玉成山、佳麗萬計，亦非所有。所以上士先經營長生之事，既得長生然後可以隨意享受生命的樂趣。如果尚未飛升成為天仙，也可以成為消遙人間的地仙。就像彭祖、老子，留在人世幾百年，不失人生的歡樂，然後隨意升天，也是一件盛事。」

（與我心有戚戚焉，恨不得早閱此書。）

頁三五九

「有的人性格誠實，容易輕易相信別人。其聰明才智不足以考察真偽、推測深淺。他們平素所涉及的範圍本來就狹小，因而不能準確地作出判斷。後世浮薄不實，見到一人自吹自擂，號稱有祕藏的奇書，便追隨而奉事之。而那些平庸不肖之輩，不少人外面假託有道之名，卻名不副實。自誇以行詐騙，內懷貪婪之心，唯利是圖。如果奉事者有所要求，他們便裝出強忍不言的樣子，俯仰嘆息，好像所知十分寶貴祕密，不可隨便告訴的姿態。對於所請求之事，有時也會答應，或者俯仰含笑，答應以後再作。這樣便使那些不測其深淺的人欲罷而不能，認為自己奉事還不夠勤勞，禮物尚不夠貴重。於是更加誠心實意，態度更為恭敬卑順，贈以珍貴的禮物。為之服奴僕之苦役，不辭負重遠行，不怕經歷危險，想以長年累月的辛勞證明自己的誠意，以勤苦不懈的努力得到同情與哀憐，以求得到特別的傳授。如此虛度了歲月，既不能贍養父母雙親，又不照料妻子兒女。冒風霜、踏冰雪，追隨數年，妨礙生產，浪費精力，最終無所成就。那些被奉侍者開始時的確欺騙了別人，後來可能會感到慚愧。然而自己對仙法茫然無知，實在毫無本領。既然沒有仙法相傳授，又怎麼能使別人成功呢？」

（就是一些讚嘆師父，感恩師父的寫照。）

頁三六五

「人們只是不知道自己的死期，所以不為之憂愁。倘若已知死期，即使斷肢、割鼻，只要能延長生命，也一定願意的。」

頁四七三

「生命值得留戀，死亡令人畏懼。那些追求長生不死的人，沒有不是以勤勞開始，最後才能實現長生不死的。仙道成功之後，再也沒有什麼要做了，而仙道未成之時，則一切事情都要去做。要去挖掘草木之藥，在山川湖澤之中備嘗辛勞，要煎熬，整治各種藥物，都須耗費體力，要攀登高山，渡過激流，日夜不能懈怠。若是沒有堅定不移的決心，便不能長久堅持。待到想要燒煉金丹之時，所須合煉仙藥之物，又都要用錢去買，急遽之間不能很快地辦好。這時又要從事耕牧、經營商販以得到資金。需要積累多年的辛勞，然後才能開始燒煉。合煉之時，還要沐浴齋戒、斷絕人間往來，有許多困難之事。加上要專心守一、除惡防身，就像帝王治理國家，將軍防禦外敵一樣，才能收到長生的效果。只有以超凡的聰明才智、經世濟邦的器識，來修煉仙道，然後才能得到成功。目光淺近的平庸之輩，雖然有志於此事，也不能堅持到底的。」

頁五〇〇

「愈是賢者，愈將自己的才能隱蔽起來，大智若愚。愈是奸佞之輩愈是喜歡自我標榜、炫耀、使得虛偽類似真實。

能夠掌握精妙要道的人，對於萬物無所欲望，對於世俗虛譽無所追求。又怎麼肯在流俗之前顯示自己呢？而那些淺薄之徒，大都喜愛自我誇耀，自吹自擂，裝腔作勢，以掩飾其虛妄。這就足以欺騙、迷惑後學之輩。這些人又敢於說大話，說自己已經登名山，見過了神仙。人們倉促之間聽到這番話，不能檢驗核察、澄清事實真相，很少能辨別其虛偽。我以前曾經多次遇見這種雜散道士，他們奔走於貴人之門，專門讓隨從者為其傳播虛名，說他已經有四五百歲了。人若問到他的年齡，他便假作沒有聽見，俯仰顧盼，笑著說八九十歲。一會兒又自言自語，說自己曾經在華陰山辟穀五十年，又在嵩山闕室四十年，又在泰山六十年，又與某人在箕山五十年，向周圍的人一一數說自己的經歷。這樣的目的，是使人總計相加，相信自己已經是數百歲的人了。於是那些信奉者，也就如雲起霧合、紛紛聚集其門了。」

（綜合以上，不覺得有趣嗎？而且和現在一模一樣，所以說，觀念竟然千年不變，而改變的只有科技而已。）

二、抱朴子（下）

（內容多與長生不死無關，故省略之，有興趣的讀者，可以自行閱讀。）

三、列仙傳（白話文取自三民書局張金嶺先生注譯版）

本書為西漢劉向所撰。

「《列仙傳》舊題為劉向所撰，葛洪《神仙傳》序言就提到劉向此書，可見晉時人們就確信如此。但是，經後來學者考證研究，很多人認為《列仙傳》不是劉向所著，而是後人所寫成，託名劉向，借重他的名望，以便於流傳。

現代人習慣上將神仙籠統看待，其實原來的神與仙尚存在一定區別。神處於彼岸世界，主宰世間的人事萬物。而仙還是人，只是通過修煉行氣、服食丹藥、積德行善，達到長生不死，使肉體和靈魂同時永世長存的境界。

成仙的特徵之一：求長生不死之術。

成仙的特徵之二：修道昇天，永享富貴。

成仙的特徵之三：仙具有濃厚的人情味，道德圓滿是成仙的資格。」

（以下列出仙人名單，有興趣者，可以去參考書本的內容，本人僅對認為可能為真的仙人，加以說明。）

一、赤松子

二、甯封子

三、馬師皇

四、赤將子輿

五、黃帝

六、偓佺

七、容成公

八、方回

九、老子

十、關令尹

十一、涓子

十二、呂尚

十三、嘯父

十四、師門

十五、務光

十六、仇生

十七、彭祖

十八、邛疏

十九、介子推

二十、馬丹

二一、平常生

二二、陸通

二三、葛由

二四、江妃二女

二五、范蠡

二六、琴高

二七、寇先

二八、王子喬

二九、幼伯子

三十、安期先生

三一、桂父
三三、酒客
三五、蕭史
三七、朱仲
三九、稷丘君
四一、赤須子
四三、鉤翼夫人
四五、騎龍鳴
四七、園客
四九、昌容
五一、山圖
五三、陰生
五五、子英
五七、文賓
五九、子主

三二、瑕丘仲
三四、任光
三六、祝離翁
三八、脩羊公
四十、崔文子
四二、東方朔
四四、犢子
四六、主柱
四八、鹿皮公
五十、谿父
五二、谷春
五四、毛女
五六、服閭
五八、商丘子胥
六十、陶安公

六一、赤府　六二、呼子先
六三、負局先生　六四、朱璜
六五、黃阮丘　六六、女丸
六七、陵陽子明　六八、邗子
六九、木羽　七十、玄俗

（感覺書中所寫的，沒有真正的仙人，但我們在未來，將進行一個研究計畫，叫做「求仙人，請現身」，這個計畫是依我們社會的情況，了解當時語言，廣為宣傳，或許可以讓仙人知道，因而現身，而加以驗證我們的想法。）

四、神仙傳（白話文取自三民書局周啟成先生注譯版）

「《神仙傳》，晉葛洪著。此書記載了一百多位神仙的生平、師承、道術、言論、事跡等，是中國道教史上的一部著名傳記著作，有著重要的學術價值。」

（又來一本，讓我重新再找找看有無仙人。）

一、廣成子
三、沈文泰
五、白石生
七、鳳綱
九、呂恭
十一、華子期
十三、衛叔卿
十五、沈義
十七、李八百
十九、王遠
二一、墨子
二三、孫博
二五、玉子
二七、九靈子
二九、絕洞子

二、若士
四、彭祖
六、黃山君
八、皇初平
十、沈建
十二、樂子長
十四、魏伯陽
十六、陳安世
十八、李阿
二十、伯山甫
二二、劉政
二四、班孟
二六、天門子
二八、北極子
三十、太陽子

三一、太陽女
三三、太玄女
三五、黃盧子
三七、陰長生
三九、張道陵
四一、淮南王
四三、王真
四五、劉綱
四七、東陵聖母
四九、王烈
五一、焦先
五三、東郭延
五五、劉京
五七、帛和
五九、宮嵩

三二、太陰女
三四、南極子
三六、馬鳴生
三八、茅君
四十、欒巴
四二、李少君
四四、陳長
四六、樊夫人
四八、孔元
五十、涉正
五二、孫登
五四、靈壽光
五六、嚴青
五八、趙瞿
六十、容成公

六一、董仲君
六二、倩平吉
六三、王仲都
六四、程偉妻
六五、薊子訓
六六、葛玄
六七、左慈
六八、王遙
六九、陳永伯
七十、太山老父
七一、巫炎
七二、河上公
七三、劉根
七四、壺公
七五、尹軌
七六、介象
七七、董奉
七八、李根
七九、李意期
八十、王興
八一、黃敬
八二、魯女生
八三、甘始
八四、封君達
八五、老子
八六、李仲甫
八七、李常在
八八、劉憑
八九、孔安國
九十、蘇仙公

九一、成仙公
九三、尹思
九五、陳子皇
九七、戴孟
九九、大足
一〇一、墨容公
一〇三、長陵三老
一〇五、許由、巢父
一〇七、秀眉公
一〇九、洛下公
一一一、飛孟子
一一三、青烏公
一一五、白兔公
一一七、董威輦
一一九、石陽

九二、郭璞
九四、平仲節
九六、董子陽
九八、干吉
一〇〇、唐鳳
一〇二、羨門子
一〇四、商山四皓
一〇六、郝容公
一〇八、肯來子
一一〇、張常
一一二、商丘公
一一四、離婁公
一一六、吳睦
一一八、中皇子
一二〇、王次仲

一二一、竇遷　　一二二、周穆王
一二三、劉平阿　　一二四、施存
一二五、尹道全

（好想找出一位，但看書中的敘述，好像現今之魔術，實未可知，只好存疑。）

五、長春真人西遊記（白話文取自三民書局顧寶田、何靜文注譯版）

「十三世紀三十年代，道教全真教掌教丘處機應成吉思汗之邀，帶領十八位弟子前往中亞雪山行宮接受諮詢。此行往返三年，行程數萬里，一路上所見所聞，由他的隨行弟子李志常撰寫成書。」

（本書可以作為小說及文學欣賞，與長生不死無關。我想若丘處機知道長生不死之方法，成吉思汗恐怕不會讓他回來，直接處死了。成吉思汗對長生不死也有興趣，只不過內心深處也認為不可能。）

六、周易參同契（白話文取自三民書局劉國樑注譯版）

「這是一部用《周易》、黃老與爐火三者參合的煉丹著作。

本書作者，歷來尚有爭議。

這是一部丹經，內容兼及內丹和外丹。」

「本書在中國文化思想史和中國科技史上都有非常重要的地位。

第一，它匯歸了漢代的易學、老學、煉丹術，以及儒家、陰陽五行思想，是了解漢代學術思想的重要著作。

第二，它奠定了道教金丹理論的基礎，開啟了化學科學的先河。

第三，中國古代人體科學的瑰寶。此書對人體進行整體考察，講究辯證論治。認為人身自有藥物，精、氣、神，以人體為丹爐，以意志（神）作能源，在體內燒煉，從而使精、氣、神凝結成體內的金丹。這種內丹術是中國人體科學成就的高峰，是道教在人體科學上的創造貢獻。」

頁五二

「第一，道教中的『內視』，就是所謂的特異功能。明末伍守陽著《仙佛合宗語錄》，論及修煉到真空境界，出現陰神時說：『夫陰神出而亦有慧光發現，洞見百千萬里如在掌中，房舍牆壁不足為隔礙，山河城郭不足為阻攔，我亦在此，而慧光亦在此，惺惺靈照而洞見遠視之為妙也。』」

「若真陰陽者，有神通矣，亦止有神境通、宿命通、他心通、天耳通、天眼通。伍守虛還說：『李虛庵（即伍守陽的祖師爺）真人得山東劉寶珠內觀照之法，內觀照至七七日，即有慧光發現，隔城牆能見人所為，城牆如琉璃透徹明亮。』以上說法雖誇大其辭，但道教中高人的內視功能是存在的。」

「第二，食氣（又稱服氣）法是一種呼吸鍛煉法。《枕中記》說：『行氣可以治百病，可以去瘟疫，可以禁蛇獸，可以止瘡血，可以居水中，可以辟飢渴，可以延年命。』雖然也是誇大其詞，但服氣的確可以治病。」

（很難懂的一本書，就算看白話，也是很難懂，因此本書可以參考參考。

我們的目標主要是談論內丹術。

而外丹術，就像現在的生物科技，比如健康食品，或者讓人年輕的面膜、整形外科等皆是，這是正常合法的部分。若是不合法的部分，就像現在的毒品製作一樣，都可歸結於古代的煉丹術。）

七、道門觀心經（白話文取自三民書局王卞注譯版）

「本書從《道藏》中特別選出十篇短小的經文，加以說明、校釋、語譯，以便讀者了解隋唐道教哲學和修持理論。這十篇經文的內容大多講述道教內觀修心、悟道證真的要訣，因此總稱為《道門觀心經》。

其十篇經文名稱如下：

（一）太上升玄消災護命妙經；

（二）太上洞玄靈寶智慧觀身經；

（三）太上老君內觀經；

（四）太上老君說常清靜妙經；

（五）太上老君清靜心經；

（六）太上老君說了心經；

（七）洞玄靈寶定觀經；
（八）太上洞玄靈寶關妙經；
（九）元始天尊說太古經；
（十）元始天尊說生天得道經。」
（其中《太上老君說常清靜妙經》，印度宗教大師奧修有談此書並說明，真是妙哉！）

導讀：

「中國歷史上的南北朝隋唐時代，是道教哲學和修持理論有重大發展的時期。當時的道教哲學理論，被近代學者稱作『重玄學』。這一學說的主要特點，是融合佛道二教思想，對道體有無、形神關係、性命修煉等問題進行探討，旨在指導信徒修仙證道，安定身心，解脫生死煩惱，悟入重玄境界。

所謂重玄之道，不僅指非有非無的道體和眾生本具的清靜道性，更是指導道教徒悟道修心的方法。重玄學者畢竟不是專業的哲學家或政治家，而是宗教信徒。他們論述重玄道體和眾生有道性，旨在具體地指導宗教修煉的實踐，以期實現其成仙得道的信仰。因此他們吸取大乘佛教的『觀行』方法，作為破除執著妄念、契入重玄的門徑。所謂觀行，是指用宗教觀點進行分析觀察，澄心定念，以期悟得真道。觀行也稱內觀或定觀，有時分為氣觀、神觀二種，氣觀修定，神觀修慧。隋唐道士對定心修性有兩種不同的說法。一種為主張『但凝空心，不凝住心』，就是說要在修煉中使心無所住，既不執著色身物欲，亦不拘執心神住於空境，生出形神超凡得道的想法。另一種心性修煉方法，則受神仙道教長生不死說影響，主張『凝住心，不凝空心』，要使心有所停住，形神俱超。」

八、悟真篇（白話文取自三民書局劉國樑、連遙注譯版）

「《悟真篇》的涵義是：感悟了知丹法的真諦。作者為張伯端，宋朝人，後人又稱張紫陽。

張伯端的思想文化背景大致是：融合儒、佛、道而發展起來的新儒學——理學，正由周敦頤和程顥、張載等奠定基礎，隋唐伊始，道教外丹術已大不如前，至北宋開始衰落，而道教內丹術的發展卻呈現鼎盛的趨勢，在理論上顯示出兼融儒、佛，尤其是援禪學和易學入於內丹。

所以，《悟真篇》主要敘述養命固形的內丹術，同時也涉及到佛教的『本源真覺之性』。

《悟真篇》的文化價值如下：

一、丹法注重實際。基本上將丹法丹訣總結為築基、煉精化氣、煉氣化神、煉神還虛四個階段。

二、從儒、佛、道相融充實丹道功理功法。

三、奠基了全真教南宗。

四、提倡道教生命哲學。他闡明了內丹的物質基礎，認為精、氣、神為生命三大要素。

五、主張弘揚主體的精神。」

頁十

「眾多修煉方法中，潛在呼吸最看好。」

頁三五

「神仙分成許多等級，學做神仙就學天仙。怎樣學天仙呢？最正確的途徑就是以精、氣、神煉製金丹。其實煉金丹並不複雜，只要元精元神聚合。」

頁四十

「真正金丹聚結的地方在下丹田。」

頁五一

「我們所說的是用精、氣、神煉製內丹，現在的人應該知道真鉛真汞是元精、元神，不是礦物質朱砂和水銀。」

頁八十

「煉丹首先要把人的頭頂泥丸宮和下丹田作為煉內丹的煉丹爐，其次要促成日月交合，元精元神相交。既然已經引導元精元神歸往中宮意土，金丹當然不會煉不出來！」

頁八三

「真正煉丹需要的是以丹田作為鼎器。內煉中自然具備的是武火文火。」

（本書後面雖有提及如何煉製金丹的方法，但過於簡略，故不擬說明，讀者可以從《樂育堂語錄》一書中了解，較為實在。）

頁二二八

「內煉金丹的事，人們愛好推理，志同道合的人知道其中的涵義。後來的人學習修道，就只講房事、辟穀和呼吸鍛鍊法。內煉金丹就在眼前，操作不難，服食的人會產生非常奇妙的變化——首先是祛病和延年益壽，用武火文火內煉丹藥，使身體盡去諸陰，變成全陽。有心學習丹道的人，要善於思己煉心，不要去過問旁門邪術。因為這些旁門邪術只知道眼下哄騙人，使自己的身體在不知不覺中暗暗枯憔。我奉勸後來學道的人，必須執著於內煉金丹，不要拋棄自己的精、氣、神，到其他地方去尋找修道的方法。奇妙的修道辦法不會離開你自己的身體，難道延年益壽的辦法是在山林僻靜的地方煉外丹嗎？當然不是。不要因循守舊，不要自視貧窮，鄙視自己，一定要立即尋找名師，閱讀陳摶的《指玄篇》。」

頁二八六

「但是如果沒有語言的詮釋，那麼，世人就不能了知本體而得到真理。所以，道德高尚的人用言語教誨世人，目的是向眾人顯露本體。這樣，本體借助語言說明了自己，語言卻因本體的顯現反而被遺忘。本體是無法用眼睛看見的，加之世俗的人本性愚昧，固著於形體，害怕死亡而喜歡長生，當然最終很難體認本體。黃老學派悲歎世俗的人貪生怕死，於是用養生的辦法滿足這些人的欲望，循序漸進引導他們。由於修養身心而長生的關鍵是修煉內丹，內丹的要點又是神水華池，因此，《道德經》和《陰符經》的學說在世間廣泛流行，大致是人們喜歡長生的緣故。只不過這些書籍言語隱誨，道理深奧，不少文人學士朗誦它的文句，都不了解其中的涵義。如果沒有高人教授祕傳的口訣，縱然知道多種辦法，結果也將一事無成。難道不是學煉金丹的人多如牛毛，真正登堂入室的人卻難找到嗎？」

九、无能子（白話文取自三民書局張松輝注譯版）

「本書的作者，不可考，就當作无能子吧！唐代黃巢之亂時成書的。」

「本書的價值：

一、思想價值：從思想方面看，本書的價值不在於創新，而在於它進一步擴大了道家思想的影響。

二、文學價值：這本書雖然是一部哲學著作，但在文學方面也取得了一定的成就。主要表現在：

（一）語言生動曉暢，說理透徹深刻。

（二）善於使用寓言故事去說明道理。

（三）多使用對比手法。

（四）篇幅短小。

三、史料價值：本書的史料價值主要體現在兩個方面，一是它展示了晚唐時期知識分子對待政治的第三種態度，二是它保存了一些唐代以前的史料。」

頁一三〇

「關於心理治療，我國史書留下了不少佳話。如西漢的文學家王褒就用自己的辭賦治好了太子劉奭的抑鬱症和健忘症；三國時的陳琳用自己的檄文治好了曹操的頭風；唐代的白居易和宋代的蘇東坡喜歡用詩文治療自己的失眠，據說效果頗佳。更具有意味的是發生在南朝時的一件事情。

劉瑱的妹妹為鄱陽王妃，夫妻倆感情十分密切。鄱陽王死後，劉妃為此憂鬱成病，百般醫治毫無效果。為了挽救妹妹的生命，劉瑱就請當時的著名人物畫家殷蒨畫了一幅鄱陽王生前與其他妃嬪在一起密切相處的圖畫，然後讓人送給劉妃欣賞，劉妃看到這幅畫後，妒火中燒，一邊吐唾圖畫，一邊罵道：『他真是應該早點死去。』從此不再思念鄱陽王，疾病也逐漸痊癒。」

（這是本書中作者所寫「研析」的內容，本人覺得有趣，故節錄下來。）

頁一五〇

「秦地的集市上有許多作幻術的人，有的能夠把自己的手足放進烈火燒開的油鍋之中，而沸騰的油卻不能燙壞他的手足，作幻術的人還笑容滿面。无能子就把作幻術的人請來詢問其中的原因。那位作幻術的人說：『這一幻術是從師傅那裡學到的，這幻術能夠消除烈火的炎熱。然而也還有祕訣，祕訣說：〔當看到火熱的油鍋時，首先要忘掉自我。〕不僅要把自己的手足視為枯樹枝，還要把這枯樹枝一樣的手足也忘掉，然後幻術才能發揮作用。一旦心中有了恐懼之感，幻術就會失敗。這就是我能夠成功的原因。』无能子回過頭來對他的弟子們說：『年輕人，一定要記住這件事，只要忘卻了自身，作幻術的人就能夠使火熱的油鍋變冷，更何況能夠具備最崇高的精神境界呢？』」

（有趣吧！這種騙子從古時就有了，和現在一樣。但是方法卻鮮為人知。也是另類的技術。）

十、老子想爾注（白話文取自三民書局顧寶田、張忠利注譯版）

「此書採用本為清末敦煌莫高窟所出古寫本，現藏倫敦大英博物院，列為斯坦因編目六八二五號。此書流傳不廣，主要原因是：第一，此書為張道陵授道祕典，不外傳，故知者甚少。第二，此書以神仙煉養之術解說，雜以巫術，故多隱祕。第三，書中有貶低、詆毀孔子儒學的言論。由於上述諸多原因，致使此書傳播不廣，六朝以後即淹沒不見。

本書為張道陵所作，並由張修、張魯等增飾而成。張道陵東漢末年人，創立五斗米教。張道陵死後，推行其道而有重要貢獻的，主要是張修和張魯。特別是張魯，在巴、漢建立政教合一的地方政權達三十年，使五斗米教道得以穩定發展，並逐漸演變為天師道，成為道教之主流和正宗。

本書是早期道教的重要典籍。

長生成仙是道教追求的最終目標。所謂神仙，其本質乃是支配人們日常生活異己力量之神仙，各種宗教都有其神仙信仰和神仙世界，道教雖然不像世界三大宗教那樣開始就有完備的彼岸世界，但也逐步建立了自己的神仙系統和神仙世界的方法途徑。本書對此作了多方面闡述。」

十一、黃庭經（白話文取自三民書局劉連朋、顧寶田注譯版）

「《黃庭經》是一部重要的道教經典，不僅奠定了上清經派的教理基礎，也是唐宋以來內丹的主要理論來源之一。

世傳《黃庭經》為一通名，其中主要包括〈黃庭內景經〉、〈黃庭外景經〉。

本書之作者，成書年代、學說淵源，內景外景先後問題，說法不一。其內容，綜合論之，就是使人保持身體虛靜，以存思內外景象和相應諸神，以此為學仙之要妙，羽化之根本。

三丹田分為上、中、下。三丹田之說是《黃庭經》最早提出的，為道教內丹說和氣功理論的重要來源之一。

上丹田亦稱泥丸宮，泥丸為腦之具象，亦腦之主。

中丹田亦稱絳宮，為心神所居，心為臟腑之主。

下丹田又名氣海、精門、關元、命門等。下丹田於腎相合，為生命根源，百脈樞紐，尤為後世道家內丹家所重，認為它能儲存運轉真氣，係任督二脈諸氣運行的氣點，也是內煉過程中煉精化氣之所。」

（我覺得這本書可了解三丹田來源即可，其他應該不重要。）

十二、陰符經（白話文取自三民書局劉連朋、顧寶田注譯版）

「本書亦名《黃帝陰符經》，即是默契大道之言也。

成書年代約為南北朝時，作者應為一位久經世變的隱者。

本書是一部理論概括性很強的著作，文約義深。

一般都將它和《道德經》、《參同契》並列，作為內丹修煉的基本經典。

本書的思想主要是繼承和發揮先秦道家和陰陽五行學說。」

（這本書我認為對讀者幫助不大，有閒再看即可。）

十三、坐忘論（白話文取自三民書局張松輝注譯版）

「這是一本中國古代有重要影響的道教經典之一，作者為司馬承禎，唐朝

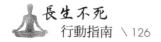

人。享年八十九歲（現在約一一〇歲以上），不簡單。
《坐忘論》的主要內容是闡述道教修煉的方法，這一方法的主旨就是修心，也即保持心境的安靜。『坐忘』的意思是靜坐而心忘，所謂『心忘』，就是忘卻天地萬物，忘卻自我，忘卻世間的一切。
在序言中，作者指出人最可寶貴的是生命，而生命的長短全在於自己能否修道，修道能否成功的關鍵又在於能否做到靜心，而靜心的最好方法就是『坐忘』。
從開始修煉到最後得道成仙，司馬承禎把修習『坐忘』分為七個階段，這七個階段又稱為『七階次』，具體是：
第一階段，敬信。就是對道教要有虔誠的信仰，這是修道成仙的基本前提。
第二階段，斷緣，斬斷一切塵緣，不為世俗事務所累。
第三階段，收心，收心是經歷了以上兩個階段後的自然結果，就是把心思從世俗生活中收斂回來，使它安寧平靜，逐漸進入修道的狀態。
第四階段，簡事。所謂簡事，就是要善於選擇事務。換句話講，修道者一定要知道什麼事情該做，什麼事情不該做。

第五階段，真觀。就是觀察真理。有了前四個階段作鋪墊，自然會逐漸產生高超的智慧，發現真理。

第六階段，泰定。就是安詳而心靜。

第七階段，得道。得道是修習坐忘法的最後一個階段，也是坐忘的目的。簡單地講，得道就是成仙。得道後，就可以永生不死，隱顯自如。

作者最後又提出了『五時』『七候』。所謂『五時』就是修道時不同時期的五種不同心理感受：一是心境動多靜少；二是心境動靜各半；三是心境靜多動少；四是無事時心靜，有事時心動；五是心與道合，有事心也不動。

所謂的『七候』，就是修道者在七個階段的形體表現：一是舉動順時，容顏和悅；二是疾病全消，身心清爽；三是身體得到補養，不再會夭折和受傷，恢復了元氣和生機；四是能夠生存數千年之久，這樣的人可以稱為仙人；五是能夠把自己的形體修煉為氣的狀態，這樣的人可以稱為真人；六是能夠把氣狀態的形體進一步修煉為無形無象的精神狀態，這樣的人可以稱為神人；七是通過修煉，使精神狀態的形體與大道融而為一，這樣的人可以稱為至人。」

（本書我認為對修行之事，是可以參考的。）

十四、養性延命錄（白話文取自三民書局曾召南注譯版）

「本書的作者為陶弘景，南北朝人，本書為著名的道教養生著作。其內容特別可貴之處是喊出了『我命在我不在天』這種震撼人心的口號，表現出養生家們與天爭壽的勇敢精神。」

（本書為養生之書，有些內容對我們很有用，不過畢竟為一千多年前的觀點，到現在，我想不如多看看康健雜誌還比較有用。）

十五、性命圭旨（白話文取自三民書局傅鳳英注譯版）

「本書又稱《性命雙修萬神圭旨》，相傳是明代中期出現的一部專門論述道教內丹學的經典，此書作者不詳。

『性命』是中國傳統哲學的一對基本範疇，儒道各家皆談性命，但各家解釋不盡相同。道家的性命思想成為道教性命理論的基礎，是道教內丹學的核心思想。內丹學對性命二字探討深刻，一般以氣為命，以神為性，故性命指神氣。內丹學以性命雙修為基本功夫，以盡性了命為修煉的終極目標，因之又稱為性命之學。

本書就是以性命雙修為圭旨，融合儒釋道三教內修要旨於一爐，集性命雙修玄理於一帙，博採眾家之說。

本書主要借助圖說，以圖配文，闡述內丹修煉的基本理論和功法。

本書特點如下：

首先，本書在形式上一反唐宋以來單純以文字傳道的傳統，大量採用以人體自身為基礎的插圖和文字結合的形式來形象直觀的展示內丹道關於藥物、鼎爐、火侯等的實質內涵及功理、功法。

其次，特別是有關內丹修煉的藥物、火候、時機、功夫等，以往的丹經往往是祕而不宣，重重設譬，一般人讀起來如墜雲裡霧裡，摸不著頭緒，《性命圭旨》對這類問題都做了具體公開的討論。

最後，《性命圭旨》在繼承內丹前輩的基礎上，綜合了佛家特別是禪宗解脫論，儒家的心性論等，使得內丹學理論進一步深化。」

書中之圖——三聖圖

（書中有圖可以加深古代讀者的印象，所以我把它們用文字列出，若現代讀者有興趣，可以買原書參考，當然若有現代3D圖片，肯定更加吸引人。）

頁五

「道，究竟是什麼？用一個字概括，就是：氣。」

頁六

「太乙，是宇宙生成前最原始的狀態，是『道』，又叫『無始』。

太易，是天地開始形成時的初始狀態，是『道生一』，又名『元始』。

太極，是『一生二』，又叫『虛皇』。

二生三，又叫『混元』。

六合，是『三生萬物』。」

（科學上大霹靂的情形，和基督教上帝創始有異曲同工之妙。）

頁十

「儒教教人順應性命而回歸自然，其理公允；佛教教人視性命為虛幻而徹悟真諦，其義高深；道教教人性命雙修而長生不死，其旨意切合道。」

頁十七

「儒教叫『存心養性』；道教叫『修心煉性』；佛教叫『明心見性』。道教講的『守中』，就是意守這個本體『中』；道教講的『得一』，就是得這個本體『一』。」

（本書以道教為主，讀者可以自行參考研讀其他的各家學說。）

頁十九

「今以有限而易耗盡的人身，日月追逐無盡而又難測的世事，一絲氣息上不來，傾刻間一去不復返，生命還沒完全消失，但真靈已投胎別處了。到這時，雖然官居高位，享受千鐘之俸祿，家傳萬貫，美女如雲，但都得抛下，不再為自己所有，怎能不讓人悵然若失呢？」

頁二一

「人想要免於生死輪迴而不墮於塵世，只有修煉金丹才是升天的靈魂、超凡入聖的捷徑。金丹之道極為簡單也極為容易，即使是愚昧無知的人得到它並身體力行的去做，也會很快升入聖界。無奈世間的修真者，有志於道的卻不專精，專精的又不能持之以恆，所以學道者多而得道者少。」

頁二四

「什麼是性？宇宙創生之初的真如本性，光亮燦爛的一絲靈光；什麼是命？人生之時精純無雜的元精，混沌未分的元氣。這樣有性便有命，有命便有性，性與命原本不可分。但因其從天賦而言叫命，從人稟受而言叫性，性和命實際上並非兩個。況且性沒有則無處安置，命沒有性則無法自存，而性命之理又是渾然合一的。

然而一般的道教專門以氣維命，以修命為宗旨，用以調節呼吸為主煉形煉氣的命功來立教，所以命談得多而性談得少，這是不懂得性，說到底也是不懂得命。」

頁三二

「由形體中的神歸附到神中的性，這就叫『歸根復命』。又如男女交合的情形，一滴精液落於子宮中，招攝先天元氣形成命，而性就蘊含在裡面了。這就是陰陽和合，先天元氣被招攝進子宮中形成性。實在是神妙組合、奇妙莫測，這就是性命的奇妙結合。

人在母親腹中，其呼吸包含在母親的呼吸中，是以母親的性命為性命，而不是自己獨立存在性命。直到一朝分娩，才獨立存在性命，但這還不是真實常在的性。一定要在自己存在的性命中，修養成先天純陽性體，顯露出一絲真實靈性。形體和神相互依存，則形體不壞；神和性相互依存，則神永不滅。由知性到盡性，再由盡信到至命。這就是『虛空本體』，永遠沒有窮盡的時候。」

（古人就知男女交合之事，所以真是不可思議。）

頁三六

「眾人都喜好而厭惡死，是沒有悟透死生的原故。生從何處來？死又到何處去？只是生前一味的奔波操勞，與養生之道背道而馳，無法達到逍遙自在的境界。所以死了以後，靈魂沒有目標的四處飄落，無法逃脫生死之門，最後還是墮入生死輪迴之中。」

頁四三

「這就是虛化神，神化氣，氣化血，血化形，形化嬰、嬰化童、童化少，少化壯，壯化老，老化死，死復化為虛，虛復化為神，神復化為氣，氣復化為物，化化不間斷，好像圓環一樣循環無窮。

萬物不是自己要生，是不得不生；萬物也不是自己要死，是不得不死。任憑事事生滅，歷經萬死萬生，也不能脫離苦海。生生世世，輪迴不盡，無始無終，猶如打水的井輪。三界凡夫，沒有不遭遇此生死沉溺的命運的。」

頁五八

「只有修煉金丹之道才是修行的正道。除此之外，再沒有別的途徑可以成仙作佛。」

頁六二

「金丹之道，簡而不繁。以虛無為體，以清靜為用。以有用作為開始，以無為終結。從頭到尾，並沒有高深難辨的事。無奈世人，大道本來在自身卻向遠處求，事情本來容易卻搞得很複雜。背棄光明之道而投向黑暗，不是太糊塗了嗎？

所謂金，是剛堅的意思；所謂丹，是比喻圓。」

書中之圖——普照圖

書中之圖——反照圖

書中之圖——時照圖

書中之圖——內照圖

書中之圖——太極圖

書中之圖——中心圖

書中之圖——火龍水虎圖

頁七九

「所謂黑鉛、水虎，是天地發生的根源，是既有形質又有氣存在的。所謂紅鉛、火龍，是天地發生的根本，是有氣存在而無形質的。有形質的，是真鉛，是太陰，是月之精華，是天地萬物發育形體的母體；無形質的，是真汞，是太陽，是日之靈光，是天地萬物發生之父體。鉛和汞之間，互相交合、生成，循環不絕，可以說是生天、生萬物的祖宗。

古代的高人，深知真汞、真鉛等神物隱藏在這裡，效法日、月、水、火等自然事物而採吸太陰之精，設立鼎爐而招誘太陽之氣，使他們都歸於神室，混雜相交，交合不止，繁衍無窮。木（肝）中生出魂，金（肺）中生出魄，魂魄相互凝合，化為元神，把各種寶物凝合聚結在一起，叫做『金液還丹』。」

書中之圖——日烏月兔圖

書中之圖——大小鼎爐圖

頁八六

「凡是修煉金液大丹的，必須先安爐在下，立鼎在上。鼎這種器物，不是金的，也不是鐵的；爐這種器具，不是玉的，又不是石的。

以黃庭為鼎，以氣穴圍爐。黃庭正好在氣穴之上，有條條脈絡相連，是人身百脈交匯的地方。這叫小鼎爐。

以乾位即泥丸宮為輔，以神位即下丹田為爐，這叫大鼎爐。」

書中之圖——內外二藥圖

頁九〇

「凡是修煉丹道的，必須先修外藥，後修內藥。像那些真精位泄、直修頓法的上根利器之人，則可以不煉外藥便直接內藥。

內藥無為而無所不為，外藥有為而有意為之。內藥無形無質卻呈現出『有』，外藥有體有用卻呈現出『無』。外藥可以治病，可以長生久世，內藥可以超越生死，可以出有入無。外藥是後天陰陽相互作用的結果，內藥是先天陰陽相互交媾的結果。

就煉外藥來說，交感之精，先要做到不洩漏；呼吸之氣，更要調節到均勻細緻；思慮之神，貴在趨於安寧虛靜。就煉內藥來說，所謂煉精，就是煉元精。元精保固，則交感之精自然不會洩漏。所謂煉氣，元氣止住，則呼吸之氣自然不會出入。所謂煉神，就是煉元神，元神凝聚，則思慮之神自然趨於平靜。內外兼修，就一定夠成仙！」

書中之圖——順逆三關圖

頁九四

「初關『煉精化氣』，要懂得在元精初發之時，及時採攝。採攝時必須意念和呼吸持續平緩，以意駕馭元氣的運行。中關『煉氣化神』，要乘著意念和呼吸的加強，使正氣周流，從尾閭關沿督脈上升至泥丸宮，在此處與神相合，然後任脈下降到黃庭。上關『煉神還虛』，元神與道合為一，最後歸於絳宮。」

書中之圖——盡性了命圖

頁九七

「丹田比做日，心中元性比作月。日光即丹田所聚之元氣，自會回歸感照於月即心中元性，兩者相互交會之後，身中就產生真陽之氣。

開始時，是通過修命而取性；等性純全以後，又通過修性而安命，這就是性命雙修的關鍵之處。」

書中之圖——真土圖

書中之圖——魂魄圖

書中之圖——蟾光圖

書中之圖——降龍圖

書中之圖——伏虎圖

書中之圖——三家相見圖

頁一一六

「身、心、意稱為『三家』，所謂指聖胎圓滿。精、氣、神稱為『三元』，所謂『三元合一』，就是指大丹成就。

招攝『三家』、『三元』，使之相互合而歸一，關鍵在於能夠做到虛靜。使其心虛，則神與性就能相合；使其身靜，則精與情就能歸於靜寂；意念專注一境而不散亂，則精氣神『三元』混而為一。情與性相合，叫做金木併；精與神相合，叫做水火交；意念專注一境而不散亂，則性（木）、情（金）、精（水）、神（火）經意（土）和合而五行全。

然而所謂精化為氣，要經由身體不動的功夫；所謂氣化為神，要經由內心不動的功夫；所謂神化為虛，要經由意念不動的功夫。」

書中之圖——和合四象圖

書中之圖——取坎填離圖

書中之圖——觀音密咒圖

書中之圖——九鼎煉心圖

書中之圖——八識歸元圖

書中之圖——五氣朝元圖

書中之圖——待詔圖

書中之圖——飛昇圖

頁一四二

「道家有仙有五等說法，佛家有佛有三乘說法，其實都源於修持功行程度不同，所以超脫方式稍有差異。飛升沖舉的，是最上層次；坐化尸解的，次之；投胎奪舍的，又其次。」

書中之圖——涵養本原圖

頁一五四

「先要存想這一竅，使其本心虛靜，然後再忘掉它，使其更虛靜空廓。隨時隨地，沒有罣礙。」

「然而要屏除眼、耳、鼻、舌、身、意六識，尤其要懂得先後次序。六識之中，『意』雖然為統攝六識的主帥，但『眼』實為眼、耳、鼻、身五賊的先鋒。弓箭的發動全在機關，心的牽引全在眼。機關不動則弓箭就不會發射，眼睛不動則心不外馳。」

書中之圖——洗心退藏圖

頁一八五

「太上老君設立修煉之法，就是教人通過修煉而達到長生不死，因為人能夠採奪天地的正氣。人之所以採奪天地的正氣，是因為人有兩個鼻孔在呼吸。在呼時，是自己的元氣從中而出；在吸時，是天地的正氣從外而入。人如果自身根基牢固，那麼在呼吸之間，就可以採奪天地的正氣，使壽命長久。人如果自身根基不牢固，精氣漏竭，元氣微弱，則吸進的天地正氣又隨著呼氣而呼出，身中的元氣，不但沒有收攝住為己所有，反被天地所奪。這是為什麼？是因為呼吸不得其法，故天地正氣不得啟其門而入。

一般常人的呼吸，都是經咽喉往下，到了胃部的中脘穴就向上返回，不能再往下到腎部與祖氣相連，就好像魚的飲水從口進去再沿腮邊流出。

如果是至人的呼吸，則直貫明堂穴，而上至夾脊關，最後流入命門穴，與祖氣相互連通，就如磁石吸鐵一樣，而同類相親，能做到呼吸深長，則我的命運就掌握在我的手中，就不受造物主的擺布啦。

當今的修煉之人，有調息、數息、抑息、閉息等多種功法，但都是隔靴搔癢，無法達到祖氣居住的玄竅。這一竅初形成時，先生出左右兩臂，然後生出了心。腎就如荷的藕，心就如荷的花。就像莖幹中空相通外面直，下面深入地面向上撐向天。心腎之間相去八寸四分，正中一寸二分的空間處，就叫腔子裡，此處是心腎之間往來相通的路徑，是腎水心火相互交媾的地方。要想打通這一竅，先從鼻根存想起，這樣呼吸的元氣，就逐漸通過夾脊關，透過混元，直接達到命門，這樣才能使外氣跟氣子母會合，破鏡重圓。漸漸擴充，則人的根基就日益完固，這樣就護住了命寶，才可以談得上修煉。」

頁一八九

「人所稟受天地的氣數是有限的，如果不知保養，自暴自棄，人身內外開合機能一旦停止，呼吸之氣則立即中斷。

唉！出生入死的關鍵轉變，是如此的快捷，世人到底是為什麼不肯回心轉意向道回歸呢？更何況這功夫最為簡易，不管是行、住、坐、臥任何時候皆可修習。如能常修持此心，退而藏之於夾脊下的竅穴，那麼天地的正氣就可以採進體內，與自身的元氣真精相合而在丹田凝結，成為超脫生死的基礎。用天地無盡的元氣，來接續自己有限的身軀，豈不是很容易的事？

學修煉的人只要認定這一竅是關鍵，意守而不離失，久而久之就自然純熟，裡面就會像皎皎明月般明朗，就像月在水中一般，自然邪火得以消散，各種雜念得以消除，蠢蠢欲動的心念得到降伏，各種妄念得到制止。妄念一旦止住，則真人之息自然顯現。所謂真念其實就是根本無念，所謂真息其實就是根本無息。無息則命之根永遠牢固，無念則性體長存。性體長存命根牢固，最後息念都屏住，這是性命雙修的第一步。」

書中之圖——玉液煉形圖

頁一九三

「初學修道的人，平時操勞忙碌，一旦入修煉這個圈子，未免形體安適閒逸。太閒逸則四肢不運動，太安適則筋骨關節不靈活，以致脈絡堵塞，氣血凝滯，所以像大通關節、滌蕩穢污等養生之法絕不能少。

玉液煉形法首先要以行氣為主宰，同時內關返照玄關一竅。此竅可以通氣管。這樣過一會兒，則津液滿口，如同井水滲出的樣子。輕微地以津液漱口數遍，慢慢地將其用意識引導送至重樓，漸漸經過膻中穴、尾閭穴，中脘、神闕，最後到達氣海停住。然後從氣海分開兩路，分別沿左、右大腿下行，從膝部至足三里、下腳背及大腳拇指，又轉入湧泉穴，再由腳後跟、腳螺沿著左、右大腿而上達尾閭穴，於是便合做一處，再經過腎堂、夾脊、雙關，分別送入兩肩、兩膀、兩臂直到手背，再由中指轉過手掌，一齊旋轉而回，經過手腕，由胸旁而上經過兩腮後，再從腦後直灌頂部，再下行至明堂上顎，然後用舌迎取，最後回到玄膺。這就完成了一個循環。結束後稍停，再按照前面的步驟繼續做下去，那麼全身經絡節的所有堵塞結滯之處都可以逐漸疏通。這樣不僅可以貫穿所有的經絡，也可能疏通各個竅穴。」

頁一九五

「人體的孔竅是與虛空相通，使氣息通達，而在一身之內周遍流暢，一旦有所蔽塞，就會出現淤痰、淤血的情況。而一身中的脈絡不能相通，便會生出各種疾病。現在用以上所授的功法，每天修習三、五次，只要能使氣血流通，百脈和順，各種疾病都已祛除，不會再復發纏身。

涵養本原的功夫，雖然看起來是為除掉人的情識，而實際上還在於去除生滅心。心中無生無滅，那麼身也隨之無生無滅，這樣，心神就靜定了。而要想去除生滅之心，則必須從無念開始，無念的習慣逐漸積養日漸純熟，足可以導致無夢。而無念的靜定功夫日漸純熟，則可以導致無生。無夢是開始時所要達到的狀態，無念則是最終所要達到的境界。無生則無所謂創造，無夢則無所謂化育，無所謂創造化育，也就是不生不滅的永恆境界。」

（講得較像佛家的理論。）

書中之圖——安神祖竅圖

頁一九九

「所謂祖竅，就是老子所說的『玄牝之門』。

「修煉丹道的人，如果不真正明瞭祖竅，那麼真息就收攝不住，而出神入化也就沒有根基，煉丹的藥物不齊備，那麼大丹也就結不成。這個竅就是修煉的總持門，是萬法的會集之所。它無所謂邊際，更無所謂內外。不能刻意去持守，也不能無心去玩尋。如果刻意去持守，那就會著相。如果無心去玩尋，又會落入頑空。那怎樣才行呢？

要時常將純然之真性，安止其中，冥然不動，寂然靈覺，內外兩忘，渾然無事，這樣，神氣相合而凝結，性命相合而止住，不去刻意歸一而一自歸，不去刻意守中而中自守。中心之心既然已得到充實，那麼五行之心就自然虛靜。」

書中之圖——法輪自轉圖

頁二二九

「煉功開始時是有意識的，最後是無意識的自然運轉。起初以意念引導氣旋轉，由中間向外，由小到大。」

頁二三六

「修習內丹術的人，如果想要返其本、復其初，使龍虎（元神、元氣）重歸於鼎中，情和性會合於祖竅之內。這樣，在炎炎烈火中，飛出矯矯青龍，在澄清水底中，躍出耽耽白虎。起初是龍虎得以相交，逐漸向鴻蒙回返最後復歸於混沌。繼而如夫妻合體，從恍恍惚惚中直接歸於虛無之境，龍虎二氣共入黃庭之中，互相吞含，相依相戀，二氣膠合，有如天地相互交媾，日月相互交輝，盤旋於祖竅之間，自然就會恢復這未判分之前的先天一氣，進而成為原始混元真精，成為煉丹藥的根基，作為還丹的基本。」

書中之圖——『蟄藏氣穴圖』

頁二四四

「這一節講蟄藏，就是講深根固蒂即深固性命的要訣。只是將祖竅中凝聚的那一點陽神，深深地藏伏於氣穴之內，這個竅，為陰陽的本源，神氣的居舍，胎息的根基，呼吸的祖宗。

所謂胎息的『胎』，是藏神的處所。所謂胎息的『息』，是化育結胎的根源。胎依賴息以生存，息依賴胎以凝住。而竅中之竅，則是修煉神仙時結胎凝息的真正處所。然而天地雖大，也不過如同一胎。而日月往來運行，北斗星柄的旋轉，都如同真息。

這些都是就人身的所謂真人呼吸處而言的。

那麼真人呼吸處究竟在甚麼地方呢？以前我聽先師這樣說：就是儲藏元精

的幽深昏暗的地方，結成胎息的心神的居所，上面赤色，下面黑色，左面是青色，右面是白色，中央黃色光暈之間，就是真人呼吸之處。它的位置在臍周的正後面，在腎堂之前，黃庭之下，關元之上。

既已知道了它的位置，那麼就將之前所凝結的一點元神安藏於此竅中之竅，如龜的潛藏，如蛇的蟄伏，如蚌的含珠，如蟾的吐故納息。此時候宜綿綿續續，勿忘勿助，若存而非存，若無而非無。導引而收藏於無何有之鄉，運行而歸藏於呼吸開合之處。不久，呼與吸相合，神與氣相抱，結成丹母，鎮住在下丹田處。向外則可以感召天地靈陽之正氣，對內則可以擒制一身鉛汞的精華。就像北極星所在的位置那樣，眾星都環繞在它周圍。久而久之，則神氣歸根，性命合一，金丹大藥便在其中孕育而生了。」

頁二五二

「久視於上丹田，則神可長生，久視於中丹田，則氣可長生，久視下丹田，則肉體可長生。

外呼吸是色身上的事，用以接濟後天以養其形體。內呼吸是法身上的事，用以栽培先天以養其谷神。內呼吸的氣息，原本從先天天命中來，不是同類之物就不能相通相容。所以聖人用伏氣之法，採奪先於天地的沖和之氣，逆行上到雙關，由前返回到後，最後到達本根（祖竅）。使先天之祖氣調伏後天之外氣，外氣和祖氣子母眷戀於本根其間，這樣息息歸根（祖竅），結成煉製金丹之母體。

直到神氣凝成大藥的『嬰兒現形』階段，丹胎自然成熟不須再憑藉其他中介，這時伏氣之法才可以不用。

所以，神仙用歸伏法救度眾人時，必須先教其返本。什麼是返本？就是把分散在耳、目、口、鼻、四肢百節的先天祖氣，重新收聚返回到肉團之心上，這叫『涵養本原』。再將肉團之心所涵養的先天祖氣，重新收聚而返回到祖竅，這叫『安神祖竅』。再將祖竅的先天祖氣，重新聚攏而使之歸返於所謂『真人呼吸處』，這叫『蟄藏氣穴』。日復一日，神氣凝結收聚，這就是屬於長生的一類。」

頁二六二

「所以學道之人，應當採取四時的天地正氣，將其納入丹田之中，這就是所謂的『真種子』。它在丹田中凝積時間長了，自然能使心定、神定、息定。這樣神與氣結合，結成聖胎，這就是所謂的『真人胎息』。」

頁二六三

「丹胎就是從伏氣中結成的，氣就是從丹胎中達到胎息。氣入身中人得長生，神離開形體人便死。所以保守好神氣則可以長生，而煉養神氣就必須固守虛無之道。神動則運行，神留則氣息住。想要長生，就要使神和氣互相灌注。心中雜念不生，則神氣就不會外逸。這樣神氣就不出不入，自然常住於身中。如此勤修伏氣之法，便是修習金丹之正道。」

頁二六六

「丹胎的成長，是由於胎息的結果。不到胎息的境界便不能結成丹胎，反之，沒有結成丹胎則息也不會住。胎息成就丹胎成長，就是『聖母神孩』。所以說：胎息凝定則金木相交，心意寧靜則龍虎相會。」

頁二六七

「凡是修行之人，必須先收定心氣。心氣收定則心神凝住，心神凝住則心就會安定，心安定則氣就會上升，氣上升則內外境兩忘，內外境兩忘則心清靜，心清靜則沒有外物的干擾，沒有外物的干擾則性命能夠保全，性命兩全則大道生，大道生則物相空，物相空則靈覺明敏則神明靈通。」

頁二七〇

「吐氣時要輕輕細細，吸氣時要緩緩綿綿。坐臥行立，都要如此。行噈氣法時，要避開喧雜的環境，戒食腥羶的食物。由此煉成的結果，借『胎息』一詞命名，實質上就是內丹。」

書中之圖——行禪圖

書中之圖——立禪圖

書中之圖——坐禪圖

頁二七六

「靜坐之時不一定非要結跏趺坐，應當像平常那樣的坐法就行。坐的姿勢雖然和常人沒什麼兩樣，但能夠同時持守一定的竅門心法就和常人不一樣了。所謂竅門心法，就是把心神安放在適當的位置上。

耳目等孔竅，就是我們身體的門戶。心神所在的方寸之地，就是我們身體的廳堂。產生生命的孔竅，就是我們身體的居室。普通人的心神處於這個方寸之地，就像人居於室內，那麼外界的聲色就沒有地方可以進入而窺伺裡面，所以善於養心的人，就潛藏於養心的人，就潛藏於室內頤養其心而晦暗使得耳目如同虛設。而只在升堂時與外界事物接觸，耳目才有用。如果靜坐時不持守竅門心法，就是坐而使心外馳，就是使心外逸。」

書中之圖——「臥禪圖」

頁二八〇

「古人有句話說，修道容易，克服魔障困難，這話的確說對了。然而色魔、餓魔還算容易制伏的，只有睡魔最難克服。

人身中的先天元氣常在夜間逸失，如果睡眠時不警覺，元精就從下面漏掉，元氣就從上面泄掉，元神於是沒有了依託，就脫離身軀而去，精、氣、神三寶各自外馳散失，人的生命怎麼能夠長久存在呢？而修行的人睡覺的時候，收納元神藏於丹田，與氣融合，神氣互相牽制，元神就不會外馳，氣也就自然安定了。

由此看來，人平時並不能自己決定自己的生命，人之所以能生還，是由處在『夢』中的人決定的。同樣人平時也不能決定自己的死亡，人之所以死去，也是由處在『夢』中的人決定的。但要是不了解夢的根源，也就不知道為什麼會死，不知道醒的來由，也就不知道為什麼會生。夢中之所以有覺悟的人，是由在夢中保持著真覺。在死亡的途中有生還的人，是由於在死亡途中保持了起死回生的長生祕訣。因此，從覺醒之中知道了生還的原因，從睡夢之中知道了死亡的根由。知道了這兩點，就可以入道了。」

頁二八四

「古代的內丹煉成的真人，他們醒著的時候無憂無慮，睡著的時候沒有夢的境界，不到內丹煉成的時候是做不到的。

然而就算熟睡之時，也要常常保持清醒，到了醒來的時候，要慢慢地翻身。這時心中清爽，良知自然存在，如同達到仙佛的境界。」

書中之圖——採藥歸壺圖

頁三一七

「所謂真金採取功夫，不外乎吸、舐、撮、閉四個功夫。

古代仙人為甚麼都在夜半子時陽氣初動的時候採藥呢？因為那個時段太陽正在北方，人身中的氣也正好運行到尾閭關，與天地正相感應，才可以奪取天地的良機，採奪陰陽的精華，修煉魂魄合為一，合性命而雙修。」

頁三一八

「人如果知道這個天人之間相互生發的時機，就應在半夜時靜坐，凝結元神集聚元氣，視而不見聽而不聞，閉嘴緘默，固守心神不外馳，一絲雜念也不生，萬緣都放下。渾渾淪淪，就像太極還沒有判分之前的狀態。溟溟涬涬，就像陰陽還沒有顯露的狀態。沉靜而獨自存在，像清澈的潭中映出的月影。寂靜不動，好像靜止的水面不起波浪。對內感覺不到自身的存在，對外不知道有宇宙的存在。等到亥時將要結束子時剛要開始的時候，天地的陽氣顯露了就急忙採取，如果還沒有顯露，就要虛靜地等待，不敢提前採取。

金丹大藥，是在先天已經孕育，後天才產生的，它的奧妙全在太極將要判分還沒判分之間。靜已到了極點但還沒轉化為動，陽氣將要恢復但還沒脫離陰氣。這個時候，窈窈冥冥像淡淡的煙霧籠罩著山頂，迷迷濛濛像霧氣籠罩著水面，飄飄揚揚像冬雪漸漸凝聚，深深沉沉像混濁的江水會漸漸澄清。一會兒，身中小竅開始養酥酥的，肢體軟綿綿的，心裡恍恍惚惚的，而且陽物也勃然舉起了。這時陽氣已經貫通，先天信息也溝通了，活子時一到，兩個鼻孔張開。時機一到陽氣化生，大藥產生元神也就有知了，像地上雷震動天上大風吹，元氣向氣穴洶湧奔來。這時玄妙的機關全部顯露，就到精金出礦的時候。」

書中之圖——聚火載金圖

頁三四三

「什麼是聚火之法？這個功法正是吸、舐、撮、閉四字法訣。所謂吸，就是用鼻孔吸氣以接應先天的元氣。所謂舐，就是用舌頭頂住上顎來吸吮口中生出的津液。所謂撮，就是緊撮內提肛門、精氣輝輝往頂上升。所謂閉，就是閉嘴緘默垂下眼簾默默向內視聽，津液自然落到丹田中去了。

所以說聚火之法，是採取烹煉的第一要務。說到恍恍惚惚的狀態，是就採取的時機而言。說到用武火烹煉，是就採取的火候而言。說到『吸、舐、撮、閉』四字訣，是指烹煉的要旨而言。

採取之法，貴在把握好時機。不可太早，太早的話藥還太嫩容易揮散。也不可太遲，太遲了藥就太老而質硬。一定要等到鉛華吐白，玄珠成象，才是採取的好時機。

煉這種大藥，別無他法，只是採取先天一點祖氣，作為煉金丹的母體。火候的方法，有文火和武火的區別，不可混而為一。」

書中之圖——乾坤交媾圖

頁三六〇

「人倘若能夠握固元神固守『一』，不使其外馳，那麼真氣自然會上升，真息自然會靜定，真精自然會上朝積聚於頂，靈苗自然會生長，天門自然會開啟，元神自然會顯現。頂竅一開則所有的竅穴都相對應的打開。元神穩居其位則所有的神都聽它指揮。既然元神居於自己的竅穴中不外馳，那麼人怎麼會死呢？」

頁三六六

「再叮嚀一下：當真鉛進入丹鼎的時候，必須驅除雜念，振奮精神，目光內視頂門，心志靜定不分。霎時元神元氣交合，造化爭馳。雷鳴電閃，撼動乾坤。百脈悚然，頭頂九宮相互透徹。金晶從頂部向下灌，銀浪從下沖向頂部。」

書中之圖——周天璇璣圖

頁三七八

「採藥時要用眼意守泥丸，垂下眼簾意念由左向上內視凝聚然後停歇，進行時，先用法器頂住太玄關口，然後行氣為主宰，向內內視下丹田。過了好一陣子，再慢慢地從左面引導向上照臨泥丸穴。稍停片刻，又從右邊下降到下丹田，這算一度。然後又從下丹田回升到泥丸穴，又從泥丸穴下降到下丹田。同樣反轉反覆三十六轉，就是『進陽火』，三十六度後停止。然後啟動開關退火，同樣是先向下內視下丹田，再從右邊上升到泥丸宮，再從左邊下降到下丹田，這也算作一度。同樣反覆二十四轉，就是『退陰符』，二十四度後停止。

為什麼需要用雙眼明亮之光呢？因為眼睛，是儲存陽氣的孔竅。人的一身全屬於陰，只有眼中這一點陽。我們就用這一點陽，從上到下，從左到右，不斷旋轉，戰退全身的陰，則陽氣一天天增加，陰氣一天天減少。此法還可使真氣上下循環，像天河一樣流轉，眼睛的功用真是太大了。

我才懂得了眼睛是先天之靈，是元神進出的宅戶。

輕清之氣凝結在泥丸宮中，重濁之氣則流歸氣穴中。每天這樣行抽添功夫，這樣陰陽交媾，則汞就會逐漸增多，鉛就會逐漸減少。時間長了鉛就會被抽盡，汞也會被抽乾，最後凝結成一顆摩尼珠，這就是金液大還丹。」

書中之圖——靈丹入鼎圖

頁三八九

「原初的那點精金，與礦物混合在一起。因為運用陽火逼送，直達上丹田。漸漸採取漸漸積聚，一邊烹煉一邊熔化。陰氣一點一點減少，鍛鍊一遍一遍反覆。直到煙消火滅，礦渣淘汰了只剩下純粹的陽精，才煉成這一粒龍虎金丹。圓陀陀，活潑潑，如露又如電，但不是霧也不是煙。輝煌閃爍，照耀上丹田。放開就迸開丹田，收歸就隱藏到上丹田。這時藥也停止再生，河車也停止運轉，津液也不再下降，陽火也不再放出火焰。五氣朝元，三花聚頂。陽氣精純陰氣退盡，內丹圓熟而靈異。

所以唐宋時期那些尸解成仙的人，大多都是從這裡分道揚鑣的。

但是玄珠在上丹田，怎樣才能使它下來結為聖胎呢？一定要借助鼻竅，竊奪靈陽真氣催送它，用太陽真火逼迫它。催逼的時間長了，靈丹就會按時脫落，吞入口水，化為金液，直接射入黃庭穴中。

霎時間雲騰雨施，電閃雷鳴，在激戰的片刻之間，全身的陰氣銷化一空。於是百靈就像輻條集中於車軸，七寶就像百川歸海，都凝聚在這裡。

這樣我們既然已經使得靈丹入於鼎中，就要內外兼修，煉而又煉，必須要到同天地合其德，那麼太虛中那點真陽，自然同體內的靈丹合而為一。人身中的靈氣，感應到天地的靈氣，這樣體內真陽之氣精純且與外部天地之氣相應，渾然結合在一起。

當內外兩種陽氣開始結合，聖胎剛剛凝結的時候，必須常常靈覺內照，謹慎保護持守。就像小龍剛開始養珠，少女第一次懷孕。牢牢關閉神室，不使它滲漏。更要在任何時間，在行、住、坐、臥中，要時時照顧，念念不離，混混沌沌，如在母親的胞胎之中，整天似愚笨而念念不離，不能有片刻中斷。」

書中之圖——火候崇正圖

頁四〇二

「火候的方法最為隱祕，聖人輕易不傳，現在我把它表露出來。藥沒有火不能產生，大藥生成火也就熄滅了。火沒有藥也不能生成，火候到了大藥就煉成了。

但火候的奧妙，不可以一概而論。在尚未成丹的時候，必須借助於武火來凝聚它。已經成丹以後，要借助於文火來溫養它。所謂文火，就是結成丹胎的火。溫養的方法，就是調節控制溫度，消長情況。

只要一絲雜念不起，一點意不散亂。含光默默內照，真息綿綿不斷。圓明覺悟內照，常常保持清醒。這就是長養聖胎的真火候。」

書中之圖——長養聖胎圖

頁四〇八

「神凝則精氣凝聚，百寶凝結，這是結胎的藥物。真息往來，不曾稍有間斷，這是溫養的火候。

這是長養聖胎的真火。所謂真火，就是身中之神，這與天地的神，虛空的神是同一個神。所謂真候，就是身中的氣息，這與天地的氣息、虛空的氣息是同一氣息。

所謂神息，即是火候。」

書中之圖——嬰兒現形圖

頁四一四

「功夫一旦火候已經充足，聖胎發育已經圓滿，就像果實必將成熟，嬰兒必將誕生，經過整整十個月，就脫離胎胞而出。

當嬰兒到了移胎換鼎的時候，就會一躍而出，潛藏在氣穴之間，又重新開闢了一個混沌狀態。

這個氣穴原本是神仙長養聖胎調息止息的地方，是赤子安身立命的處所。因為是之前熟悉的環境，所以就順路返回。嬰兒既然已經潛居靜室，安然處於道場，就必須隱蔽地保藏它，默默地守護它。開始時靠腹中的元氣來養育它，接著集聚天地之氣來哺育它。此處有感彼處響應，發於近處而見於遠處。在那裡自呼自吸，自合自開，自動自靜，自由自在，像神仙逍遙於無何有之鄉，像如來佛禪定在寂滅海中。

已經到了這種十分安樂的階段，仍然必須密守關元，不要讓外部的色、聲、香、味、觸、法等六塵這類魔賊侵入，也不被內部凝結的煩惱這個奸臣所迷亂。或坐或臥，都要常行清淨之功。時而停止時而活動，都要普遍動用修持的力量。這樣就可以使眼、耳、鼻、舌、身、意等六門不向外洩漏，使內氣循環的道路經常暢通，真體如如常在，丹基則永固了。日日夜夜都這樣護衛，就這樣保養照顧，像龍保養龍珠，像母親保育孩子，不能有片刻的疏忽，不能有片刻的失去照顧。」

頁四二〇

「防護的密訣，以嚴密的封固耳、眼、口『三要』最為緊要。雖然對外緊閉耳、眼、口『三要』，但尤其要除掉內部的『三害』。所謂三害，就是邪念、煩惱、嗔恚。」

頁四二七

「但是克服欲念的功夫，必須親身實踐，才會有進步。否則，就會像身處一片太虛中，路途遙遠，少一步也無法到達。功夫如果做到極致處，自然就會進入無念境界。既然獲得了無念真常，那麼玄竅中的嬰兒，就寂靜地安居其中而無擾之患了。

三年功夫已經完成，溫養的功夫也已經完畢，真人顯現之後，必然從尾閭上升到泥丸，這時再加上冥心滅盡煩惱的功夫，就會有通靈變化的妙用。」

書中之圖——真空煉形圖

頁四三三

「真空煉形之法，同運甕的道理相似。如果人鑽進甕裡，怎能運轉呢？所以人必須身處甕外。

形無其形，就是身空。心無其心，就是心空。心空就沒有障礙，神也就愈煉愈靈。身空就沒有障礙，形也就愈煉愈清。一直煉到形與神相互包涵，身與心合而為一，這才算得上是形神俱妙、與道合真。

這個術就是竊取無涯天地之間的元氣，來接續我們有限的形體身軀。無涯天地中的元氣，是天地陰陽長生的真精，是先天靈父聖母之氣。而有限的形體身軀，陰陽短促混濁雜亂，是後天凡父凡母之氣。所以，用先天真父母之氣，變化後天凡父母所賦予的身體，使之成為純陽真精的形體，就可以與天地同壽了。」

書中之圖——出離苦海圖

頁四三九

「煉形之法，總共有六種。其一為玉液煉形，其二為金液煉形，其三為太陰煉形，其四為太陽煉形，其五為內觀煉形。另有真空煉形。

所以學仙修仙佛的人，如果只以煉神為奧妙所在，而不懂得煉形的重要，至多成為所謂的清虛空靈善於變化的鬼，怎能和高仙為伍呢？

大體上來說，溫養和煉形，本無絕對的區別。雖然分作兩個來說，其實是一個道理。內外兼修，並不相違背。倘若千日的功夫沒有間斷，就是懸崖撒手，得道成仙之時。自然靜默無語、心無雜念。能和所兩相消亡，色與空也一起泯滅。沒有滯障沒有妨礙，不汙染不著境。身體像飛翔的鴻雁不能拘於籠中，心境如潔淨的蓮葉一滴水也沾不住。光光淨淨，瀟瀟灑灑，隨意飛騰。做一個無事無為、逍遙自在的散仙。

這時嬰兒漸漸顯露出形象，與人沒有甚麼不同。這時就更要韜光養晦，鎮靜心田。倘若一時起了歡喜得意之心，就會入於魔境。

嬰兒一旦長大，丹田穴中就住不下，必然要裂開孔竅出來，一直貫穿頭頂而升。」

書中之圖——端拱冥心圖

頁四四八

「開始的時候有作有為，採藥結丹以達到了命。到最後就無作無為，抱一冥心以達了性。

這裡所說的真人居上界，就是指嬰兒出離苦海，移到天谷泥丸的時候。空寂寞心，就是呂祖所說的向著幽深靜寂處安然靜息，冥心合於大道的內煉之法。

所謂冥心，就是深居在靜室中，端坐拱手冥心默然無語。心中一塵不染，萬念俱失。沒有思慮無所作為，聽任自然。無視無聽，靜默守神。沒有內外的區別，沒有送也沒有迎。不著於相也不著於空，遠離痴迷也遠離虛妄。身中虛寂，心內常覺常明。

只要這樣做到冥心，使萬法歸一，這樣嬰兒就會安居於清靈之境，棲息於安然不動的場所。色妨礙不了它，空束縛不了它，身體猶如空虛一樣安然自在。」

頁四五四

「什麼叫六通？

坐到入靜之時，忽然心光出現，向內能夠洞察到自己的肺腑，向外能夠看見自己的鬍鬚眉毛。神智活躍，一天可以著述萬言，談論玄妙，無窮無盡，這是心境通。

不出屋門，就能預知未來的事。身居室內，又能夠隔離見外物，這是神境通。

端坐之間，忽然陷入迷悶之中，混沌不分。一會兒，心竅豁然開朗，山河地理就在眼前，如同觀看手掌上的紋路，這是天眼通。

能聽到四面八方的聲音就如在耳邊，能回憶起前生的事就如在眼前，這是天耳通。

不管白天或黑夜，入於大定之後，上能見天堂，下能見地獄，觀透了無數劫運以來，宿命更替的過程，這是宿命通。

神通變化，出入自如，洞察十方眾生，知道他心中隱祕之事。他雖然念頭還沒生起，已經清楚的事先知道了。他雖然念頭還沒萌生，已經清楚的事先覺察，這是他心通。」

「正定之時，有的會聽到種種或善或惡的聲音，有的會出現種種或順或逆的幻境。其實這些都是魔障，不要著意於它。同時必須反觀自己，原來人身四大，都是假合之物，如夢如幻，全部都不是真實的存在。只要如此正心，魔障自己就會消亡。

有的腦中好像有霹靂之聲，有的眼內好像有金星燦爛，有的頭頂下面好像有紅霞繚繞，有的兩眉間好像湧出圓光。這些都是幻境，心裡不要去接受它。只須下修行功夫，不要去驗證其效。

還有的在入靜之時忽然看見樓臺珠翠，女樂笙簧，奇花異草，觸目如畫。那人要是不覺悟，就會以為已到了天宮，不知這是自身泥丸宮，把幻境當成真境，沉溺其中而出不來。這種時候必須用虛空觀來進一步擴充，那麼泥丸宮中的元神就會升入太虛，與之合而為一。」

書中之圖——化身五五圖

書中之圖——跨鳳凌霄圖

頁四六七

「道書上說：陰神能夠看見別人，陽神顯現別人就能看見。」

「那些只修性不修命的獨修者，所出的是陰神。陰神則有影無形，世人所說的鬼仙屬於此類。如果是性命雙修的，所出的是陽神，陽神則有影有形，世人所說的天仙屬於此類。

所以說：大道本身是無形無相的，而神仙可是有形有相的。頂門的一竅，難道那麼容易開嗎？先用三昧之火衝透，打不通。然後聚集太陽真火衝擊，略微打開一點。三昧之火和太陽真火兩股火騰騰，不停地攻擊。剎時間，紅光遍地，紫焰滿天，霹靂一聲，頂門衝開。」

書中之圖——陽神出現圖

頁四七五

「以修命惟宗的這一派人只知道煉精化氣，煉氣化神、煉神還虛就此而止，竟然遺漏了煉虛合道這一段。

金丹大道的修煉要達到登峰造極的程度，自然不能少這一段。」

頁四八〇

「到這一步就自然會知道，虛空是本體，本體是虛空。還必須再用功夫更進一步，前進不已，直到山窮水盡，轉身又百尺竿頭。就必須到達不生不滅的根源，終究必須終結在不生不滅的覺悟彼岸，這才是最高的境界。這個境界不是別的，只不過是返回到虛空中，復歸到元始無的狀態而已。

所謂空中不空，就是真空。所謂真空，就是大道。」

（所以到了這個階段，再煉下去也沒有意義。）

書中之圖——超出三界圖

書中之圖——毗盧證果圖

十六、樂育堂語錄（白話文取自三民書局戈國龍先生注譯版）

（本書為煉陽神的必備書，不錯喔！好好讀。）

「本書作者為黃元吉，為清代著名養生學家，傳統的內丹功宗師。

本書係黃元吉於清朝道光、咸豐年間講學四川樂育堂時所授道門心法，由其弟子紀錄整理而成，為流傳於世的丹道巨著。」

卷一

立定腳根章第一

「人不論想學任何一件事，必須要先清楚了解此事的道理，做到內心有主宰，能一眼看準，拿定主意不動搖，下決心不達到最高的境界，決不罷休。有這樣的精神力量，才能夠做成一件事，即使不能登峰造極，也不至於半途而廢，淪為凡事無成，無足輕重的人。一般的事尚且如此，又何況修真成仙的性命之學呢？

試論自古以來的神仙，哪一個是天生成就的呢？他們都不是一朝一夕就輕易成就的，而是經歷了從少到多，從細微到顯著的積聚過程，才最終到達鋪天蓋地，無始無終的超越境地。

自古以來，學道最年輕的，除釋迦牟尼佛和觀音菩薩之外，並不多見。這並不是說少年入道反而更難，而是因為少年學道，往往游移不定、三心二意，還有一種情況就是年輕人自恃年少，來日方長，因而在學道中往往貪懶懈怠，沒有緊迫感，所以學道者多而成道者少。只有像你們這些中年老邁的人，對於世上的名利聲色，都已經再三嘗過苦頭，不但對於世上的榮華富貴已味同嚼蠟，覺得一點意思也沒有，而且領悟到在聲色榮華的背後都包藏著種種苦難，所以生起向道之心，而不再生起人欲之心，人欲之心退卻道心才能彰顯，這樣才可能徹底了悟生命的前因後果，透徹明白生命本身的寶藏。」

陽生之道章第二

「談到陽生的現象，情況雖各不相同，都不外乎從無思無慮中得來。陽生的時候，關鍵要能做到一動即覺，一覺即收，使精神不再外馳，真氣周流於身，這樣丹藥就不難生長，仙胎種子何愁不能壯旺？

人有陽則生，無陽則死。」

無上因緣章第三

「如果人生的境遇平平常常，不經歷艱辛折磨，不經歷坎坷悲歡，生活中一帆風順，又有誰肯回心向道，執意尋求人生的超越境界？唯有人生經歷千磨萬難，事事不稱心如意，到處遭受挫折，他才有可能深深體會到塵世的生活經歷都是勞人心神無足輕重，一點好處也沒有，這樣才能夠淡泊於名利，而一心一意追求修煉性命的真諦，對人世間那些庸俗不堪的人事感到厭倦，而下定決心輕心寡欲潛心修道。」

（這是以前的觀點，現在則是因為有太多的事情可以學習及體驗，反而人生的時間不夠，才想要長生不死。）

先天水火章第四

「性有兩種，一種是氣質之性，一種是本元真性。

所以，煉丹之人，第一重要的是凝神。所謂凝神，不是別的，只是消除思慮雜念，保持一種純粹的無思無慮，安然自在的精神狀態，方可化凡氣而為真氣。

這樣神即為真神，火即為真火，然後神才有安頓之地。

在煉功中隨著呼吸的往來，相應地在氣穴之中一開一合，這時只要順其自然，只讓元神默默主宰於其中，絕不能隨其開合運動呼吸長短而產生意念的游移不定，這就是凝神之法。把精神返照於氣穴，就不用調息而息自調，如此下去，一日一日之新變化，一月有一月的新變化，到時仙胎自然成就。

那麼在煉丹時水又是指甚麼呢？它是指腎中之情，情就是水。然而情也有妄情和真情之分，二者如果不能明辨，一定煉不成丹。如果妄情不除，就會導致腎水向不良方向流洩，一定會導致心神搖蕩，發而為淫欲。學丹功的人要想控制妄情，就離不開元神的內照，時時檢點提防，這樣自然就不會生起一點淫心邪念，這時才算得上是真情。如果有欲望的衝動，就會影響真氣的運行，這時候就要把衝動之念收回來，回歸一念不起時的本真狀態，行採取的功夫，意念之火往下降，腎中精水往上升，水火相交於中央結丹的地方，如此將精氣神鍛煉一番，則容易發生昇華作用而形成高能量的物質，作為結丹的大藥，這樣就一定能成大丹。」

明心見性章第五

「什麼是性？思慮未萌時的先天之心就是性，性沒有具體載體時的先天存在形式就是虛無元氣，不管是心還是性，最重要的關鍵就是一個『虛』而已。心神不能安靜，一味地向外追逐物欲，迷戀於聲色之中，精與氣就會消耗殆盡。

這就是學習丹功的人，下手煉功的時候，非常重視凝神調息的緣故。惟有精神能凝聚才能進入天人合一的狀態，能進入天人合一的狀態，心才能虛靜。

只是凝神使其安靜，調息使其均勻，不要忘記觀照，也不要人為地去干擾，要自自然然，不急也不慢，無非是使心神氣息一起進入到完全虛無完全寧靜的境界。

那麼如何能明心呢？心只有在虛靜的狀態下才能靈知不昧，靈知不昧就能了了分明，了了分明則一切的道理都能通達，萬事萬物的運化情形也都了然於心。

元神是心未發時的寂然不動之體，真意心已發時的變化不測之用。

學功者下手行功的時候，一定要先把這個心調整到活活潑潑，沒有拘執滯礙，把心寄託在靜穆莊嚴的道體，神遊於廣闊無垠的太虛，這樣才能達到體內的陰陽平衡，並從外界吸收到天地間純正的能量。這樣久而久之，精神自然凝定，氣息自然調勻，只覺得丹田中一股心氣合一的能量流，渾然一體，周流一身，雖有氣機的流動，但又若有若無，並不是有一個固定的所在。」

玄關一竅章第六

『煉心』二字，是所有真人聖人修道能得成就的總持法門。

玄關一竅，是我們修煉丹道的源頭活水，不能僅僅局限於從大定大靜中去尋求。

其實只要一念回光，一心關照，這頓然一覺，也是玄關顯象。

總而言之，這個真心顯露的玄關一竅，只是在一念不生的那一瞬間，前一念不是，後一念也不是，只是這前後將斷而又了了分明的瞬間可以見到心體。

玄關就是太極將分而未分，兩儀將判而未判那一刻。」

虛中得實章第七

「初步開始煉功的時候，要將神遊於太虛之中，同時深入關照生命的本來的微妙之處，如此就是以心性之虛合本體之虛，從而真心發明本心顯現，虛體隨時隨地一直就在，並需要等到真陽產生的時候才可以明心見性。只有虛到極點，陽才會從中而生，此時我即以若有若無的真意，根據不同的功態分別運用不同的火候功夫，以武火行採取、烹煉之功，以文火行沐浴、溫養之功。

你們要從這些道理上搞清楚玄關一竅的微妙之處，常常採取，不要錯過時機，進陽火退陰符，不要違背原則，沐浴封固的火候，要合於節度，這樣神氣就能打成一片。」

一空所有章第八

「我所講的玄關一竅，是指既虛又靈的一種存在，悟到了這個境界才能了脫生死輪迴，成為億萬年不朽的法身。

因此，惟有以虛無之氣作滋養，以虛無之神惟主導，這樣，神與氣合，內外同虛，那麼大丹就可煉成。

從現在起加緊煉功，不過一百天的時間就可以完成築基階段，從此生命就掌握在自己手裡，不再由天命鬼神所決定。」

作者之「解析」內容：

「丹道的目標還是『長生不死』，只不過能夠修成長生不死的主體不是肉體，而是昇華了肉體以後的陽神。」

（解析之言，與我心有戚戚焉。）

太空之空章第九

「我們所謂的『太空之物』是什麼樣子呢？它就是由無極狀態演化到太極狀態，太極以無極為本。

我前面所說的玄關一竅，其實就是指精神冥會，神氣合一，恍恍然進入虛無縹緲一無所有而又清淨明覺的境界。」

進火採藥章第十

「所謂進火，就是精神凝聚一團專心致志一點也不分神，這種通過運用意識的功夫轉化人體能量的方式比喻為進火。所謂採藥，就是運用口鼻呼吸之氣，一升一降，一出一入，順其自然，這種通過調整呼吸的功夫而昇華人體能量的方式比喻為採藥。如果陽動藥產的時候，即將人體內的精神一心一意凝聚到丹田的部位，這種調息的功夫就是進火，繼而將口鼻之呼吸，出入升降，循環運轉，從外面將精神包裹在其中，這種調息的功夫就是採藥。兩者有分別，進火是進火，採藥是採藥，不可混為一談。

作為起手入門的功法，我教你們用數息的方法，把散亂的心收回來。

至於我說的一陽初動時要運用提攝之法，提攝，解決這個問題的辦法，應當採用調整呼吸的丹火和調整如真人一樣的元火來慢慢養護，直到使身心的障礙自然化解才行。」

（依我的體認，舉一個例子，如我們在製作積體電路板時，必須在無塵室完成，一個板子，若有灰塵就無法使用，所以當你吸氣時，若心有雜念，這一口吸氣，就無效了，只有沒有汙染的板子才可以用，而你要結胎時，必須用數萬個板子才可以完成一個胎胞如同積體電路板，這一個完成的積體電路板才有辦法儲存你的意識，拷貝你的意識，才有保存下來的價值，就算是脫離了你的肉體，未來還可以使用。這就是一個簡單的用現在概念說明的例子。）

真火凡火章第十一

「呼吸的開合與粗細都順其自然，只略加意識關照進行稍微的調整就夠了，到一定的火候，根本無需調整，而一切自如。千萬不能在調息的過程中用勉強的功夫強行讓粗重的呼吸變為極細，按伏躁之氣使其收斂，致使這種有形有相的呼吸凡火燒灼一身精血，傷害身體。

不依賴口鼻呼吸的內呼吸才是真息，沒有思慮識神作用時的元神才是至神。

什麼是真息？它就是丹田中一股悠悠揚揚、旋轉不已的胎呼吸，也就是人在母腹中尚未動口鼻呼吸時的先天呼吸。什麼是真神？它就是在無思無慮、萬念俱寂的境界中忽然而生的靈明知覺，這種無念而有意識的狀態即是真神。

修行人要用無形無象的真火作為煉神的根本，而外面口鼻呼吸的有形凡火，也並不是全然不用，不過使用凡火就像鐵匠在外面扇動風箱所吹的風，在周圍起到包裹的作用，以護衛中間的元神元息而已。」

耐心久坐章第十二

「真身也叫法身，法身經過久久涵養，才足以顯示出生命高明廣大的本體境界。

你們從今以後不坐則已，一靜坐必須要將真神、元氣涵養得十分充足完滿，這樣自然就可以一身充滿真機，不用再用力持守而能夠讓真機自然地存在，不用費力勉強而達於自由自在。

能到大靜大定的境界，可以三五天保持這種狀態而不散失，這樣用功方有大成效。

況且你們這些學道的，大多年事已高，在世的歲月已經不多了，如果再這樣因循度日，將來恐怕後悔也來不及了。

因此無牽無掛，無思無慮，於是安心上座，凝神返照丹田氣穴之中，讓陽氣升起，將眼耳鼻等感官都收回來，所有的神光匯聚於人體的中心，不讓一絲一毫的意念進出而寂然大定，如此含蘊積蓄，時間一久，自然能量充溢，精神煥發，產生異常的功效。」

上上妙諦章第十三

「丹道修煉的命功，雖然其中有許多不同層次的方法，但總結命功的要領，總離不開一雙眼睛。在人的一身之中，雖然主要是靠神和氣在其中起作用，但還比不上人的兩隻眼睛的神光，炯炯有神，常常警醒而不昏昧，必須常常把兩目之神光收攝起來，微微向下返照，這樣精氣神自然就會凝成一團，混然一家。

所以我們道教修命的方法，是教人用水火運轉全身，使血肉之軀化為活活潑潑的真氣，可以隨人所用，沒有阻礙，使得一身的毛髮穴竅晶瑩發亮，全身的肌膚光滑細膩，這樣才算修命功有所成就。」

（本章內容中有提到如何打通任督兩脈之法，未予節錄，因為本書會提到，故省略之，有興趣者，自行購書閱覽。）

積功累行章第十四

「要想求得色身的健康長壽，離不開保精節欲和培植元氣，精氣為生命的能量基礎，只有把這個基礎修築牢固，然後才得以達到人所本有的自然壽命。而要想求得法身的悠遠無疆，卻又離不開煉神還虛，煉虛合道，而後方可證成神仙之果位。」

打掃心地章第十五

「甚麼叫玉液煉己？其實就是指修性。玄關竅一開時，周身的毛竅無處不開，這就是所謂的胎息，就像嬰兒在沒有脫離母腹以前與母體共同呼吸的情形。如果你能體會到這個玄關竅，就和以前所煉的口鼻之氣大有不同。」

玄牝之門章第十六

「總而言之，這個超然物外的工夫無非是一個玄牝而已。而是在有無之間不內不外的地方，由父母交媾時一點靈光墮入到胞胎裡面，這才是玄牝的確切意旨，你們這些學生要細心去自己辨別清楚。所謂的玄牝，是從有息煉到無息，以至於大定大靜的境地，然後才能體會玄牝的真實意義。

這就是為什麼我們說玄牝是煉丹之根本，能領悟到這一點，離修煉大道就不遠了。」

真陽之動章第十七

「只有人身的水火能在中間相會，則人體內的元氣借助外在的呼吸調理得到收斂，在開始的時候覺得外在呼吸與內在元氣兩者是分開的，修煉久了則兩者會聚成一團而無分別，如此真陽從此發生了。

真陽發動的時候，並不只是一個精生陽舉的現象，必須配合著神與氣一起都有跡象才行。一定要先使心神澄明，排除思慮雜念，清心寡欲，一念不生，將口鼻呼吸隨著雜念一起屏息，然後真息才能顯現，胎息才能發生，元氣也由此交融。有了這步功夫，再進一步加以進火退符，沐浴溫養的工夫，自然會有先天一點真陽發生，顯現出神氣相融的靈光。以此真陽為藥物，可以驅除一身的陰邪渣滓之病氣，以此真陽煉丹，可以成就與道合一的神仙境界。

做到這步功夫，一定要在平時保存積累生命的能量，去除欲望保持真實無妄的精神狀態，一直修煉到無思無慮的時候，這時意識常常保持覺醒的狀態，對什麼都了了分明，一點昏沉散亂都沒有，顯現出那天然的未經後天汙染的靈明一念，作為我們一身的主宰，意識內沒有任何牽掛的對象，也不跟著外面的世界而失去關照，這就是金液大還丹的景象。」

調其火侯章第十八

「修煉的方法，沒有什麼別的奧妙，只是要善於調配其中的火候而已。煉丹的火可分為多種，其中有文火，有武火，有沐浴溫養的火候。比如用數息的方法到一定時間，逐漸進入功態，就是一種武火的運用。將意念微略放輕，不再像前面那樣把意念死死地執定在數息上，這就是文火。

你們從此精勤修持，毫不懈怠，用不了一個月的時間，就可以使外呼吸信息下來而現出胎息，等到真意發生，胎息出現，自然就會使陰陽交媾凝成一團，真氣舒暢元神融合，丹藥成熟變化，有許多不期而遇的妙景。」

（本章提及沐浴之火就是煉功時要保持適中即可。）

採取烹煉章第十九

「你們打坐開始用功，略用一點神光往下返照丹田氣穴之中，使神氣兩者相依相融，這只是一陽出動的開始，千萬不要用猛火加強烹煉，只是微微的外呼吸把神氣收回來吸引就夠了。」

進火退符章第二十

「再談談陽生藥產時的煉功方法，首先要以端正身形盤腿打坐為主要的用功姿勢。呼氣的時候氣機上升，一直上到無形之地，吸氣的時候氣機下降，一直到無象之所。在這樣的深呼吸中以眼光微微向上關照，就是採取的方法。如果作為丹藥的真氣已經很壯實了，就該用吸舐撮閉的口訣，緊閉眼鼻口等感覺器官及肛門等人體可能漏洩能量的通道，排除思慮雜念，凝神專一，這才是用功的正法。

神要不動不搖，心要虛靜謙下，身如泰山一樣沉穩，心似寒潭一樣澄明，專心一致，這樣自然可使真氣直往上沖。

至於在子時進火，又是什麼情形呢？這就好像天地萬物還沒形成時，從一片混沌之中開始萬物的萌動，這個時候神氣未分，恍恍惚惚，杳杳冥冥，才是子進陽火的正法正候。而退陰符，就像是春生萬物，到午時萬物生長已到極點，此時生機勃發，陽氣到了極盛之時，這才是午退陰符真正的時候。」

金丹始終章第二十一

「我教導弟子不要只在寂靜無人的地方修煉，而一定要到市井塵世之中那些人事紛擾的地方去煉心。

因為煩惱就是一種火，煩惱與內丹兩者勢不兩立，所以我們要防止煩惱火起。

總之，丹道千言萬語，不過就是神氣二字。」

先後二氣章第二十二

「煉丹之道，雖然說是由先天元氣才能醞釀成丹，但其實不通過後天有形之氣的調節鍛煉也無法體驗到先天元氣的存在，所以說先天之氣和後天之氣，兩者都不可少。

你們現在用功的時候，不需要別尋奧妙，只要在行住坐臥之時，常常調整自己的呼吸，順其自然。

在先天元氣呈現出來的時候，只有這一點是可以驗證的，內心清澈明淨如活潑的流泉，身體安穩舒適如峻峋的岩石，自自然然地一身內外無處不爽快，無處不圓融。」

虛無之氣章第二十三

「總之，學道人只要能把心頭的胡思亂想的私心雜念，一切的起心動念種種障礙，全都打掃得乾乾淨淨，不染纖塵，就足夠了。

你們在元氣沒有顯現，處於寂然不動的情況下，不妨以神光下照丹田，將這個神火與腎水中所藏的金氣相互作用，使之感而遂通，時間一久自然腎水與神火發生反應，而後後天的神氣之礦物中煉出了真金了。

煉功過程中昏冥狀態下生發的真陽，可以真實地感覺到它的存在，其關鍵都是從人體中有形的氣機變化中煉出那個無形的元氣出來，才可以成丹。」

真靈之知章第二十四

「真知靈知才是天地宇宙的源頭，造化萬物的根本。

修道的至人把一般人精耗神散的順行常道，轉變成精不外洩不外馳的逆向修煉的丹道。開始即雙目垂簾，關閉感官，停息思慮分別，不再牽掛於外緣，這種真陽之氣和至陰之精出現的情形，就是先天陰陽從虛無的境界中產生，並不是局限於從人的色身上去尋覓。」

性命雙修章第二十五

「開始修煉時是以性立命，接下來是以命了性，最後是性命合一，以回歸虛無的道體之中，這就是性命雙修的全部過程。

把這個本性顯現的境界貫穿到萬事萬物之中去，在所有的事物中都回歸這個本性的境界，自然能夠煉精就煉得元精，煉氣就煉得元氣，煉神就煉得元神。

無奈當今的修行人，不能掌握性命雙修的真諦，不知性功的清淨無為是根本，命功的真實效驗是目標，兩者缺一不可。」

抽鉛添汞章第二十六

「在內丹學中，從藥材的角度說又稱為鉛汞，總況而言則稱為陰神。

一定要性命雙修，務必使一身內外無處不是元精，無處不是元氣。到了精已化氣，那股形成精的能量已全部轉為氣了，於是再也沒有生精的時候了，這樣洩精之竅可以關閉了。精氣不洩，大藥發生，這個時候就要馬上找到聖真仙師的口訣，用最上一乘功法，運用五龍捧聖的功夫，大藥從虛危起，沿督脈從後上升至泥丸，再沿任脈前降至下丹田。

這樣煉氣化神，才算是大周天的火候。

這樣不斷地以坎中真氣充實陰神，又以元神之火滋養真氣，等到真氣都被採取而融合於元神之中，陽神圓滿朗照，外呼吸全部停止，內呼吸也沒有了，只有一點神光了然朗照在一片空明之境中，這就是氣化神的境界了。」

元精元神章第二十七

「我們煉丹所說的精並非是指後天的夫妻交媾所出的精液，而是指先天的元精。什麼是元精呢？這個元精自從生命開始形成的時候，由陰陽二氣凝結成一團，像露珠一樣晶瑩，作為陰精藏於人的心中，就是所謂的『天一生水』。只有一念不起，一心向內返照，則人體的七竅全部關閉，元精沒有可以滲漏的通道，這樣久久地凝聚修煉，則元精一天一天地生發，就如同春暖花開的季節，萬物從沉睡中開始甦醒，感覺到一團溫和的熱氣常常在陰腎中生發。這個時候，要趕緊以真意將這股生發的元精收攝回丹田這個煉丹的爐內，先以有為的武火烹之煉之，再以無為的文火溫之養之，則元精不漏，而元精可生了。

當氣處於靜態時，無形無象，只有一團溫和的能量可以意會到，滋養薰蒸四體，流通貫注到全身。等到有所感應而發生作用，這股大能量就可以發而為正氣，能成就孝悌的德行，達到與神明相通的感人境界，從事忠義的行為，可以與天地相參。這股正氣浩然廣大，沛然不可擋，至天至剛，有包羅整個宇宙的氣概。

在氣沒有發動的時候，要用靜的方法來涵養它，氣一旦呈露出來，就要用動的方法來烹煉它。

如果眼睛裡似有金光發現，口裡有甘露一樣的津液源源不斷而來，這就是大藥已經發生的證驗。大藥發生時要急忙用武火採取，使大藥升降過關，再歸於丹田，用文火服食溫養。此時陽具已完全收縮，陽關牢牢關閉，外呼吸也已停止，只用內在的神息，不允許有一點滲漏，一定要使息息都歸於真息，所有精神活動都統一到煉功的意念上來，使這個元氣化入元神之中，元神包裹於元氣之外，時間一久，神氣完全相融合一，渾然感覺不到氣息的往來進出，只感覺一點靈光隱約顯現於空明的心境中，這就表示元氣已經化為元神了。從此以後讓元氣混合於廣漠之境，元神統一到虛空之中，似有似無，不內不外，用這樣的方法來煉那最虛無最靈妙的元神。從這裡再接著做向上的功夫，讓元神升遷到上丹田中，以無為的神火，煉七日過關服食的功夫，就可以完成玉液還丹的功夫了。從此以後就可以不飢不寒，一年四季都像是春天，超越了外在的變化，自己身中別有一重天地，可以自己做主，這時我們的生命才可以說有一個真我了。

當元神呈現時則一片靈光普照，元神收斂時則只有浩浩的元氣渾然一體。倘若識神還有動念時，就要急忙把念頭收回來，把神收攝回虛無的本來狀態，務必要使元神大定的境界保持相續，直到這種境界可以毫不費力、自然而然地達到，使火候逐漸地老到，由少陽的狀態一直煉養到老陽的狀態，陽神就成熟了，這個時候的陽神如果有一個外在的境界相感召而起心動念，念慮一起，陽神可以騎上仙鶴登上雲彩，升天入地，做一切揚善懲惡救人利物的功德事，而且能夠化現出百千萬億的化身，現身到各個世界去救人救世，而陽神也沒有一點減損。

陽神發動起念，是因為有一個外緣與它相感應而與物相通，並不是陽神無緣無故自己發動。

而陽神還沒有煉養成熟到老陽的程度以前，過早地出去，就難免隨著外面的境界而把持不住自己，終歸於墮入魔道而消散了。」

（本章內所言，應是把陽神當成元神。這可要注意。）

煉劍鑄鏡章第二十八

「關於煉丹的火候問題，其實也沒有什麼別的機密，也就是根據煉功的不同程度，在意念和呼吸的運用上，一個用勉強的辦法，要努力用功，一個用自然的辦法，完全不用力，由此而將煉功的火候分為文火和武火。

煉丹必須以無形無象的先天神息為主。

學道的人第一要煉劍，劍就是指先天元氣；第二要鑄鏡，鏡就是先天元神。

（這有點像魔鏡的故事一樣。）

太極陰陽章第二十九

「要而言之，氣機有動靜可言，但太極無所謂動靜。」

卷二

一肩斯道章第一

「一個人剛開始著手下功夫的時候，未必就能知道甚麼是真心，即使知道了，也未必能夠時時守得住。因此，有效的方式就是把精力集中到專門的煉功上來，在功中凝神於虛無之地。調息於渺漠之鄉，使氣有所歸，神有所主，氣不妄動，神不外遊。久而久之，神入氣中而不知，氣包神外也不覺。這樣神氣相守合一，涵養時間一久，積蓄多了，功夫自然深厚，功夫打成一片，這樣就與無聲無息的大道和諧統一。

識得玄關一竅，這是修道之士的第一要務。

修丹道的關鍵在於顯現玄牝，玄牝就是真陰真陽混合為一而成的太極境界，當其氣機未動時則渾然無跡，所以叫做無極。

雖然說藥說丹，也不是指藥與丹是兩回事，不過是陰陽初交，剛剛見到靈氣顯露，才稱它為藥，等到它壯旺圓滿，就像用藥物製丹完成，故稱它為丹。等到身內丹藥成功，有了實在的跡象，這是屬於採取身外宇宙的靈陽之氣，增補自己固有的元氣，故稱為以外藥配內藥。內外藥相配，收歸上下丹田封固溫養，怎麼會不使元神超脫而入於無極呢！

如果一個人的神與氣沒有相交，一定要使它們交融。千萬要警惕，不要因為一念之間不能把持，而使自己處於危險之境。

起初不妨以心光目光直照丹田，時間長了自然神歸氣伏，也自然就能達到神氣合一的太極境界。一定要妄念消除了，然後真息才能產生。」

心性空明章第二

「當下手採取精氣時，必須心念和呼吸相配合，使神氣兩者不相違背，真陽之氣煉丹之藥就是從這種狀態下生發出來。功夫達到這個境界時，又要懂得以定靜為水，以慧照為火。

所以修行人最忌諱的就是瞋怒之火。而要消滅瞋怒之邪火，最好的辦法就是保持簡單老實的純樸之心。根本的辦法不外乎一個警覺心。」

煉心伏氣章第三

「能夠真正認得這太和一氣，能真實地採煉到這太和一氣，只要一百天就可完成築基功夫，十個月就可以結胎，三年可以超脫。

性就是那一座慈愛之心，命是身中流布的元氣。一個充滿慈愛之心的人，就會心平氣和，只有將這個心安意順的念頭，和身中活潑蓬勃的元氣，常常加以體察玩味，不許它們一時一刻離開，不許任何雜念參雜其間，這種功夫就是古人所說的：『行住坐臥，不離這個。』『這個就是性命，性命也就是太極。』」

煉己事大章第四

「孔子有所謂的三戒，顏回也有四勿，這都是超凡入聖的至理，是煉己的要言啊。

要知道修煉是以精氣神為主，如果不珍惜並積累精氣，那麼，神不足就不能入氣，氣不足就不能使神調伏，兩者不能打成一片，合為一團。

所以，你們必須要認取先天的精氣神，然後加以鍛煉。

所謂真意，就是我們當初一念投胎時的主宰；所謂真氣，就是我們投胎時的物質載體，也即是真意的居所。」

（節錄一下《論語》的內容。

子曰：君子有三戒：少之時，血氣未定，戒之在色；及其壯也，血氣方剛，戒之在鬥；及其老也，血氣既衰，戒之在得。

子曰：非禮勿視，非禮勿聽，非禮勿言，非禮勿動。顏淵曰：「回雖不敏，請事斯語矣！」）

有無之義章第五

「總之，流通活潑的現象，是氣；虛明洞達的境界，是神。唯有在氣機活潑的流行中，有此虛靈不昧，了了常知的元神作為主宰，丹道的真諦也就得到了。」

元神為主章第六

「元神，它是修丹的總機關。」

我今天給你們道破其中的奧祕。所謂烹煉陽神，就是用這個元神採藥而融入自身，這樣日積月累，日充月盛，而成就為陽神。

若無陽神的作用，凡精凡氣也不能凝結於身心之內，不能成為長生不老的人仙。

忽感忽應，忽應忽止，當下反應，這才是元神的作用。

玄牝之門是陰陽交媾之後，一元之氣氤氤氳氳開始有顯著徵兆，而陽神，則是在這氤氳活潑之氣中那一點靈明的覺性。

煉丹如果沒有這個陽神，那麼耽誤埋沒的就關係太大了。」

（這很重要，我們的目標就是要出陽神。）

用心行持章第七

「用於所採取的真陽，那是元神的體性，而能進行採取的元神，那是元神的妙用即真意。以真意採取元神，由此聚精累氣，煉而又煉，則元神一天天壯旺，金丹就可以煉成了。

神不凝一則丹不團聚，意不柔和則火候不純。

等到真陽之藥氣已經升至泥丸的時候，更應當要一意不散，一念不起，把精和神凝聚成一團，溫養片刻，然後腦中陰精化為甘露神水，滴入中丹田，再冶煉一會兒，而後為『金液』而歸於下丹田，然後溫養成珠。這個時候，務必要用不即不離的文火，溫養丹爐而行所謂的封固之法。然而這個封固法，內想不出，外想不入。」

（我們要知道元神與陽神是不同的。）

真一之氣章第八

「所謂的真一之氣，乃是天地萬物形成以前的本元之氣，也是天地萬物從混沌中開始形成時的原始之氣。

學道的人要能夠把真一之氣煉得真真切切，晝夜下功夫涵養，才能不斷地有收益。

只有在大靜大定之後，真陰真陽才能開始顯現作用。」

玄竅初開章第九

「學道者下手用功時，必須將雙目微閉，關照於內外兩個丹田之間，不即不離，勿忘勿即，久而久之，一息去一息來，息息相依，恍惚感覺到呼吸似有非有，似虛非虛，那口鼻間的呼吸渾然好像沒有出入，這種情形就是凡息停而真息顯現，已做到了息息歸根的徵候。

修煉到這個地步，又必須再加以進一步的鍛煉，將那個先天元息，慢慢地配合自身神火向丹爐中吹噓，這樣久久的調和神氣，忽然感覺到丹田中有一種真氣鼓盪滾動之感。

像這樣保持無所分別的渾渾噩噩狀態，時間一久，自然能夠精化為氣，氣化為神，而先天那一點真元就可以顯現出來，這可是玄關一竅完全打開的景氣。」

下手興工章第十

「我常說下手用功的時候，最重要的是人的一雙眼睛，因為眼睛體現的是人的神光。

經由煉功，久而久之，把這心靈的金光涵養充足了，自然可以化為陽神，成為我們生命的主宰。

煉丹是靠元神在其中起作用，那麼究竟元神在人身之中，藏在什麼地方，又長於何處呢？對此一般有三種觀點，有一種說法認為：『人心這片方寸之地，就是元神的居所。』也有的說：『玄關竅內就是元神之宅。』還有的說：

『腦中天谷所住的元神，若能存守不失，自可體道悟真。』其實這三個地方，都是元神所居之地，但不知下手用功時，應從哪裡入手呢？

下手用功之時，就應當集中精神於玄關竅中那虛無的境地，這樣混混沌沌，杳杳冥冥，無人無我，恍然不知哪兒是天哪兒是地，才能養成萬物一體的不二元神。

什麼是天谷呢？原來在人的頭上有九宮，中間有一個地方就叫天谷，那是清靜無塵的地方。」

聽息胎息章第十一

「學道的人要想回歸生命的根元，恢復生命的真性，唯有將這個妄動的心放下，靜下心來輕輕微微地，返聽自己呼吸之氣的進進出出。

這個聽息的方法，正是凝神調息的妙訣。

這個胎息狀態下的元氣，是天體宇宙運行的樞紐，是大地萬物生長的軸心，是人歸根復命的本源。一個人要想成為賢人、聖人、達到天人合一，離開了胎息就沒有了修煉成道的基礎。

古人說：『入定的功夫在於止觀。』怎麼止？就是把心安止於臍下丹田。怎麼觀呢？就是用心觀想虛無混沌的玄關一竅。如此止觀，心神就會自然安定下來，智慧之光也就一天天地增長。

修煉的人修到胎息真動的時候，全身酥軟如綿，那種舒暢喜悅之感真是無與倫比，真陽之氣飽滿融通，流行於一身上下，油然而上騰，勃然而下降，那個氣息對血肉骨髓的薰蒸，就好像人在春暖花開的季節熟睡方醒，四肢百骸之爽快舒暢之感，真是難以用語言來形容。」

主人常在章第十二

「當開始靜坐的時候，要一心返照於那種無形無相然而又是萬物本源的境界之中，務必使自己的心沒有知識沒有分別，沒有雜念沒有思慮。

杳杳冥冥的至極狀態，就是虛無寂靜達到極點，到了虛極靜篤的狀態，則真精真氣真神便由此而生。

等到靜極而動，這時陰陽交媾合一，處於一種將判未判，未判欲判的臨界狀態，在恍恍惚惚中忽覺真鉛發生，這就是玄關顯現，全靠元神在其中主持。

至於煉功過程中氣機的消長起伏，且聽任它盛衰變化，而其間起主宰作用的真意切不可隨它消長，這就是真正的煉丹妙訣。

所以真機出現，就應當立即以真意運行，才不至於因為感觸而生出妄想，使這真機又散失了。」

觀天之道章第十三

「修道煉丹這件事情，並不是另外有什麼祕密的妙法，無非是從觀察體會天道運行的根本法則著手，將生命的身心狀態按照天道的運行法則去調整修煉。

修道的人，務必將一切的胡思亂想，私心雜念掃除乾淨，把粗重的氣息和暴躁的脾氣都收攝起來，然後外在後天識神和粗重氣息這個凡陽都停息了，而內在的元神元精這個真陽真陰才能生發。」

存神入聽章第十四

「大家可以用寧靜地傾聽這個方法來靜心存神。只是把意識放在傾聽氣息上面。這個法門就是『聽息』法，這個『聽』字裡面大有修法的玄機奧妙。這個聽息之法，是修煉的第一良法，能這樣長時間的修聽息法，自然能夠使真陽之氣日漸增長，而玄關一竅也就能顯現跡象了。」

煉精化氣章第十五

「至於精經過修煉已經化成氣的情形，則此時神與氣已經混合為一，心與息也相依相融，身體內外寧靜超然，似乎全身都要融化了，有一種酥軟如綿的感覺，這就是精已化氣的徵兆。但這個氣生之時，也是玄關竅開之時。」

真鉛真陽章第十六

「我們常說修煉有四大要素『法、財、侶、地』，法是修煉的法門訣竅，財是修煉的生活保障，侶是修煉的同道伴侶，地是修煉的地理環境。」

兩重天地章第十七

「修道人必須先要曉得兩重天地，兩個陰陽，才好開始下功夫。所謂的

『兩重天地』是什麼呢？就是我們常說的先天、後天這兩重天地。兩個陰陽就是凡陰凡陽，真陰真陽這兩個陰陽。

正心誠意是修煉的根本。

至於有沒有效果，若都沒有一定要有所得的期待心，不為得失而或喜或憂，這樣扎實地用功下去，才算得上比較接近大道了。」

自然之道章第十八

「當體內水火相交，陰陽合一之時，玄關竅打開了，與虛無元氣相通，這就是外藥發生了。

只是因為外藥要發生，必須要心地純潔，意念端正，一點散亂心都不能起，這樣丹藥才能產生。

在外藥發生的時候，人如果能靜定下來半個時辰，用元神了照氣機，自然使外藥歸於人身丹爐之中，而轉化成上下升降的真陽之氣，成為內藥了。雖然把它叫做內藥，其實都是真氣，只不過在外面時純粹是天然元氣，等到把它引到人身中來，則與後天的精氣神一起發生作用，這時呈現的狀態與那個純粹的天然元氣稍有不同。不過外藥引歸到身上，無非是要把體內的精氣神都化成先天一氣，這個過程不是一時半刻所能完成的，所以必須十個月這樣長的時間才能充分圓滿地完成。」

歸真返本章第十九

「元氣是載體，元神是主宰，神動則氣動，元氣在元神的作用下隨神而動，與元神是合而為一的，分別地說有氣有神，實際上神不離氣，氣不離神，兩者是一體的。

要萬緣放下，就只是一心溫養丹爐，以培養這個真陽而已。

這個溫養的功夫就在於把意識之光收回來返照於丹田之中，沒有一時一刻失去這個觀照，這就等於無時無刻不在溫養。要是真能做到動靜之中觀照常在，從早到晚沒有間斷，又哪裡需要擔心真陽不升呢？」

居塵出塵章第二十

「只是要你們能夠做到雖在欲中而心無欲，雖在塵中而心出塵，心不為之所擾，這就足夠了。

至於玉液煉己的功夫已經完成，轉入金液大還丹的修煉，因為要是一心大定以煉氣化神轉化色身，這時不得不尋找偏僻安靜的地方，在聽不到雞犬之聲，人跡罕至的地方專心修持，這也是古人所說的『養氣於山林』。」

神仙之道章第二十一

「至於說到修煉的要訣，不過就是以虛為君為主，以陰陽為臣為輔，以意為使為用。

所以學道的人第一要明悟真虛之義，第二要知道真陰真陽。因為如果沒有識得真虛就不會有仙丹之靈驗，得不到真陰真陽，則不能有變化無窮的功用和神妙不測的生育萬物的功能。

但意有先天之意，有後天之意，一定要從後天主動的有意之意開始下手，然後從其中找出先天沒有具體意念的純粹意識這個無意之意。

就拿打坐時來說，要求先將雙目微閉，了照於內外心田，由此進一步採陰蹺的先天元息，收納心中的神氣，使之相會於黃庭宮中，這些都是主動的意識作用，是屬於後天的有意之意。」

陽火陰符章第二十二

「大家每天煉功時，修到陽氣發生時，務必要順應陽氣上升的正常規律而進火適度，若陽氣稍有強壯旺盛之勢，就要行卯沐浴之法，修到陰氣一生，就要用退符下降的功法，到一定的時候為防止陰氣太盛，又要行酉沐浴之法。在沐浴時，就是靜定一會兒，不進火不退符，這樣暫時停功休息。修到功夫成熟，不必再有意去行火、退符和沐浴等，一切純是任其自然，而陰陽自然平衡，這就得到了進火退符的真諦了。如果陰陽經過週期性的升降反復，兩者相會而歸於中丹田內，這時就應當行溫養之法。

進火退符也好，沐浴溫養也好，都不是識神用事，而要以真意為之。但是用意的方法有兩種，一為動時的用意，一為靜中的用意。」

真覺真意章第二十三

「必須知道真覺與真意，都是二而一的，其體是一，只要作用稍有不同。

只不過是把那個在無心無意的虛無狀態下突然生起的一種覺知，稱為真覺。待這一覺之後，本元心體顯現了，我一定要在其間有意識地用心護持保住這個狀態，這就是真意。但雖然發出了意識的作用而此心仍然不著相，不黏著在對象之物上面，這樣的用意才是真意，與我們純粹的先天一點真覺離得不遠。所以說無心之中忽然一覺為真覺，一心內守為真意，其實都是同一個覺，同一個意而已。學道的人想要採藥煉丹，離開了這個真覺就失去了煉丹的根本基礎，離開了這個真意就失去了煉丹的能動作用。沒有煉丹的根本與作用，而想要修成無上的金仙，恐怕是不可能的了。」

一念之分章第二十四

「學道的人打坐用功，坐到普通的呼吸近乎停止，口鼻的呼吸若有若無，然後胎息從下部生命的根元處生發出來，兀兀騰騰，氤氤氳氳。到這個胎息生發之時就應該收回真陽之氣這個煉丹之藥物，採歸到金鼎玉爐中，一步步地加以鍛鍊，大丹就可以修煉成功了。

雖然說是金鼎玉爐，但這只是一種形容，金鼎並不是真有一個有形的鼎在，玉爐也不是真有一個可見的爐在，這個金鼎玉爐只不過是神氣合一凝聚於人身中的氣海附近，也就是男子生精之所，女子育胎之地。

若論養育丹胎的方法、生出陽神的原理，其實與世間的凡夫凡母生男生女沒有甚麼不同，也與普通人投胎成肉身作為元神之居所道理相同。這兩者之間所不同的是，凡人生身受氣，形成一個有形有色的身體時，只因父母產生性欲衝動時一念之間不能自己把持，並且隨著交媾時的快感而動，全部的身心都困在這裡頭活動，所以念頭一起，氣機一動，而識神亂動的無名火又控制不住，由此產胎經過十個月的養胎而成熟，於是生出一個小孩，神氣都局限於色身之中，只有一個身體，無有二身，不能有分身變化的妙用。若是有道的高人憑藉這個一念衝動之機作為顯現真陽的跡象，不是順著欲念走而是反過來在自己的心地上下功夫，縱使有意念產生的時候，也不過是因物隨緣而動，其實是雖然產生了意念的活動但本心依然保持不動。所以這個意念雖然已經產生，但當體消融不留痕跡，仍然是虛無一氣的狀態，渾渾淪淪，不識不知。從這個狀態出發，以真意將這個虛無一氣採入虛無一竅，又以虛無的天然神火沐浴溫養，直到經過十月之久，神仙之胎嬰於是成就，故生出虛無變化的陽神出來，能成一能成萬，能聚而有形散而無形。為什麼能做到這樣呢？就是因為它是虛的，所以能變化無礙。虛而有覺，才是自然天成的靈覺。如果夾雜後天的形色和意念執著之相，則不能以虛靜無念的元神採虛無之氣，煉虛無之丹，而成虛靈無礙的陽神。總之，煉丹之道就是一個虛而已。」

真心真性章第二十五

「我再給你們指示一個用功的方法。不管在白天還是在夜晚，第一要做到收斂身心，不動不搖，精不外洩，神不外馳，然後在身心中安爐立鼎，運火行符，調節神氣使之相交合一，通過調息的方法鼓起人體的風箱慢慢吹風，耐心地以真意調節身心神氣使之如琴瑟和鳴，常將真陰真陽調整好，就好像手中一直握有雌雄二劍，用來降伏我們身中的後天陰渣之氣，斬滅我們心上的識神妄想。至於天地間一晝一夜，原自有個動靜陰陽變化的道理，我們煉丹也要順應天地自然界的陰陽動靜的運轉週期，用以作為我們用功時的運火停功，升降進退的依據，這樣煉丹之道就可以掌握了。」

真一之氣章第二十六

「另外又有一個煉功的要點是，不管做什麼，也不管是沉默還是說話，即使是在面對最細微最不起眼的日常小事時，我們也要以此心靜靜地觀照於虛無玄竅之中。

修道的人一定要在打坐的時候，調整他的呼吸，使之順其自然，一出一入，不快不慢。

那麼化成元精的時候究竟有什麼憑據呢？

若修到真陽之氣壯旺而周身有暖熱之感，這就是元精已產生的跡象。」

真空妙有章第二十七

「總之，人能夠虛靜到極點，才能體會到先天本源，然後才知道形形色色的現象世界都是源於後天有生有死的屍氣，只有虛虛無無的本體境界才是先天不生不滅的元神。

雖然修煉離不開精氣神三者，但三者之中，又以元神為最重要。必須要萬緣放下，一絲不掛，一點雜念都沒有，這樣才可以說有了真神，有了真神才可有真精，有真氣。若沒有真神，則藥為凡藥，火為凡火，不但不能成丹，而且反而會有副作用。」

吸舐撮閉章第二十八

「元精元氣在修煉中是如何表現出來呢？就是當普通的口鼻呼吸停下來而先天的胎息狀態發生，此時口中有一種甘甜的津液產生，這種真津源源不斷滿口都是，這種現象就可以驗證元精已經產生了。

煉丹之藥即是真一之氣，煉丹之火即丹田神息。

煉功有『吸、舐、撮、閉』這四字的口訣。所謂的『吸』，就是在修行功法時聚氣凝神於丹田之中，小心謹慎地含藏積蓄它們，不允許一絲一點神氣外漏。所謂『舐』，指舌抵上齶，讓舌頭在口腔中攪動，這樣口中真津才開始發生，化為甘霖神水，這個甘露神水下降到中丹田，就能調伏離宮中的神火，以真氣調伏心神結成丹砂。所謂『撮』，指牙齒上下緊緊相黏合，口唇上下緊緊相抱在一起，務必要使裡面的意識不往外馳散出去，外面的各種思想雜念不進入煉功的意識之中，神依於息，息依於神，神息相依相融，神氣打成一片，兩兩不分。所謂的『閉』，就是下面關閉穀道肛門，上面關閉口鼻感官，各種感官之門都牢牢地緊閉，使目不外視耳不外聞，感官內閉以使神不外散凝神內觀，也就是讓元神這個生命的真正主人坐在黃庭裡作主，也就是俗話所說的『丹田有寶』。凝神固然是重要的關鍵，而聚氣添火的意識火候功夫，更加不可缺少。

在下手用功之初，一定要先安爐立鼎，才可以進一步作採取運用的功夫。說到爐鼎這有幾個方面的意思，一身上下亭亭直立，端正自然，這即是一種安爐立鼎，如同天尊地卑，上下分明，這是屬於外爐鼎。至於內爐鼎，開始是以神為內鼎，以氣為外爐，接著再以氣為內鼎，以神為外爐，總之不過是使身心挺立，獨立不搖而已。煉丹的爐鼎安立好了以後，然後心火下降，腎水上升，這樣時間久了則離火中有真津之水下降，腎水中有真陽之火上升，從凡陰凡陽中煉出真陰真陽之物來，這即是真藥發生了，此時便應當及時採取。

年紀已經大了，氣血即將枯竭，應當日夜不間斷地用功修持。」

坎離水火章第二十九

「在神水的作用下所生的元精即是真水，在神火的作用下所顯現的元神即是真火，真水真火兩者相配合，火候恰到好處不寒不燥，真陰真陽初交所生的真陽之氣，又稱為龍虎上弦之氣就發生了。

應該知道丹經中的各種名詞術語，無非是一種比喻象徵的手法。」

太極開基章第三十

「修煉一事，其實沒有別的奧妙，說到底只是一個太極而已。

總之，你們就是要懂得只有通過性與命的交融才能顯現本來就存在的先天真種子，也就是虛無中的一點元氣，又稱為太和一氣。

但這個天地一元真氣最初並沒有與人身分離過。你們這些學道的人必須知道，這個真一之氣，乃是天地人物的至寶，有它則生，無它則死。」

卷三

單傳直指章第一

（略）

（本篇中以「略」表達，即本人感覺沒有甚麼重點。同時基本上所談的，大致為加強前面的說明。）

虛實兼賅章第二

「天地萬物的根本奧祕，別無妙義，總歸不過一個『虛』就可以窮盡它。正由於這個道理，所以我們丹道教人修煉，也不外是虛與實這兩個字。虛實兼賅的道理作為修行的根本原則，這樣才能在靜坐的時候越坐越妙，時間越久就越覺得身心融融，不再像以前那樣打坐不久神氣就疲倦無力了。

煉丹之道，先要踏踏實實地用功，從守中開始做起，然後才能引出先天本來面目。

如何下手呢？張三豐有云：『凝神調息於丹田之中。心專注於臍下丹田稱為凝神；息息歸根於臍下元海稱為調息；保持清淨自然的狀態是勿忘；順其清淨自然則是勿助。』

煉丹中要以天心為主，元神為用，這又是什麼道理呢？天心就是在寂然不動之中而有一個起著主導功能的意識中心，元神即是在感而遂通之後並不知它從哪裡來的這種自然的感通作用。」

內火外火章第三

「表現為內動的陽生，實際上是由長時間的靜定後自然而然地發生。」

（這邊所說的陽生分為外動及內動，外動是用呼吸產生的，內動是純粹真意產生的，就是外火及內火之別。）

一驚而醒章第四

「玄關一竅，其顯現的時候也正是陽生之際那個活子時。

雷鳴比喻玄關竅開，原因為，就是你們在入定的時候，忽然神與氣交，一直達到真空妙有的地步，這時不覺杳冥恍惚，如入無夢之睡眠，鼻中呼吸鼾聲如雷，一驚而醒，故形容這個狀態為一聲雷。

你們務必要在靜定之時，偶爾有鼻息的鼾聲時，要急忙起立，將這個清空一氣收攝起來。能這樣做一次，就必有一次長益。要是真然不錯過那個時機，那個程度把握得恰到好處，那麼不用一百天，煉丹的根基就可以由此得以鞏固了。」

火藥二物章第五

「呼吸，在煉丹中屬於『風』，『火』則是指『神』。以呼吸之風配合神意之火而使煉丹中的礦物『凡精凡氣』煉成丹藥『真陽之氣』，進一步講也即是以真息配合元神而煉藥成丹。

說火說藥，只不過是一個動靜而已。

一定要內藥形成了，外藥才能得以採取。內藥，即是我們身內的元氣。外藥，即是太虛中的元氣，這個元氣是屬於不增減的，它隨時隨地都自然地存在著。

火即是神，候即是息，火候也即是神與息的配合作用。要以元神配合元息，此即是綿綿不斷，固蒂深根的方法。」

審慎行持章第六

（略）

元性本末章第七

「我們為什麼把修道用功稱為煉丹呢？這是因為這個丹即是先天元性，但必須以真意作為它的主宰，而後這個先天元性才為我所有，也就是說先天元性要經過有意識的自覺修煉，才能成為我們生命主體能作主的、起作用的境界，所以說要煉丹。我們說的真意，也即是真心。有了這個真性，修煉才算有了根本，得到這個真心，修煉才算有了妙用。若無此真性真心，都屬於盲修瞎煉。

一般說來只要真性一見，真氣一動，再認真修煉，不過一年半載的時間，煉丹基礎就可以牢固的建立，可修成一個長生不老的人仙。」

真清藥物章第八

「我今天為你們指示正確的用功方法，不管是白天夜裡在修煉功法的時候，必須要先靜定一段時間，消除一切知識分別等識神的作用，停止一切思慮牽掛的念頭，身體端坐猶如山嶽一般堅實穩固，心念清靜勝過澄清的水面。如此身心澄明清靜一番，果然可以做到身心安泰，氣息和平，於是將雙目微閉，凝定自己的心神，調和自己的氣息，任呼吸自自然然，一往一來，一開一合，呼而出氣，不讓它粗重，吸而入氣，不使它躁急，時間一久自然就感覺不到氣息的出入，無聲無息安然自在，出入息自然而然地斷了而凝住於中宮，這就是凡息停了的現象。凡息一停，胎息自然顯現。在胎息的狀態下慢慢涵養，自然地使真氣充滿而有沖騰的力量，這股真氣上達心府，這就是在真氣的作用下把心竅打開了。因為真氣飽滿有力，才能直往上沖到達絳宮心府，心竅打開以後，才有可能全身的毛孔關竅也有自己打開的時候。學者修煉到這一步，才可運行河車，引真氣從虛危穴開始，往後達尾閭，沿督脈直上泥丸宮。如果只是氣機微動，或者真氣僅是沖上心府，而不見五官七竅大開，又不見一身毛孔眼全部打開，這種情形還不是真正的開關展竅之時，切不可驟然運行河車。」

真正丹本章第九

「不過在下手煉功的初級階段，尤其要準確地認定甚麼是先天清淨的真藥物。精氣神是三品大藥，但作為真藥物的精氣神都指先天的元精、元氣和元神。從精來說，精不是後天的交感之精，乃是華池中的一團神水。求學的人在打坐之初，屏除虛幻妄想，收拾精神，清清微微自然地坐上一會兒，忽然間心神進入到恍惚杳冥狀態中猛然一覺而醒，此時我們即看一下陰蹺一脈有沒有發動？如果此處有發動，我們應當將這個動象收回於空無之境中，即使沒有發動的跡象，也應當在此狀態下將身心的反應收回於空無之境中，因為這個杳冥一覺得時候，也即是精生的時候。精生就是陽生，這才是真實的把柄憑據。

從氣來說，氣不是呼吸之氣，乃是在凡息停止時，真息發動，氣機周遍充滿一身內外，有一種剛健中正純粹精微的情狀，這個周遍之氣能主宰先後天的呼吸，周流於一身內外的陰陽之中，實際上這個氣是可以感知得到但卻不可能描摹出它的形象。

從神來說，神不是後天分別的思慮之神，乃是由混沌杳冥境界之後在無知無覺之時，忽然而有知覺，這個無念而有的靈明知覺，即是真神。我們在這個時候要順勢把握住這個狀態，不讓散亂的思慮雜念胡思亂想摻雜於其中，就只是一個心而沒有第二個心，只是當下一念而沒有第二個念頭，這就是屬於元神在起作用，而後天分別的識神已經退隱而不現形了。」

道即太極章第十

「我們說道即是太極，而道心人心，就好比是從太極中分出的陰陽。除了認識這個本來人最重要外，人身中也還有別的緊要之處，比如山根、玄膺兩處穴竅，都是疏通氣脈、精氣往來的重要通道。人如果存想山根，則真氣自然上下通暢，而復歸於黃庭這個真氣生發的老地方。人如果能夠關照玄膺，則真津自然地攝提而上化為玉液吞入腹中。你們每行功一次，這兩處要穴不可忽視。」

周天工法章第十一

「運轉河車的任督二脈已經暢通了，此時不用河車功法將真氣流通一身，灌溉上中下丹田，勢必造成下丹田中精盈氣滿，而有精氣洩漏流失的過失。古人所傳運轉河車的周天工法，沒有比〈火候歌〉所講的更好的了。」

（要知道〈火候歌〉講什麼，可以自行購買參考《樂育堂語錄》這本書，本人再一次宣揚本書。）

半邊學問章第十二

（略）

河車一法章第十三

「說到天人冥合，一陽初動，大藥初生時，是那麼一種狀態，而身心恬靜，專氣致柔，大丹初凝時，也是那麼一種狀態。

如果真陽之氣沒有出現大動時，這種情形下就不妨久久地靜養，一天二十四小時都不間斷，這樣靜養下去自然真氣充滿大藥發生，用不著兩三個月的功夫就可以達到這個效果。」

本來現形章第十四

（略）

當前了照章第十五

（略）

勿求速效章第十六

（略）

養心養氣章第十七

（略）

（以上這幾篇大致為心理建設用的，對實務較無幫助。）

女子丹法章第十八

（略）

太極根源章第十九

（略）

止念之法章第二十

「傳授止念的功法。

只有凝神返照入於丹田，把氣收納起來會聚於規中，這就是水火相交而神氣相融為一。等達到了水火既濟，神氣兩者達到平衡中和狀態，不再相互牽制而影響對方的和諧，這樣神本來是容易向外飛揚的，現在因為與氣交融而不再飛揚了，氣本來是動盪不安的，現在因為與神相交而不再動盪不安了，這樣念頭自然平息下來，這就是止念入定的『正法眼藏』，是最有效，最得當的止念方法了。」

杳冥無朕章第二十一

（略）

仙凡所分章第二十二

（略）

性命動靜章第二十三

（略）

返本還原章第二十四

（略）

卷四

了性了命章第一

（略）

先天之精章第二

（略）

玄關多端章第三

（略）

一竅之妙章第四

「你們打坐，若得到了這個玄關竅開的消息，有體驗到如上所說的奇妙景氣，那就是真陽大現了，可以進行河車運轉的周天採取功法。

如果還沒有達到這種狀況，就表明身心這個爐鼎中還未產生煉丹的真種子。這時若盲目地運行水火，空採空煉，反而是以身中陰氣去驅趕陽氣，因而使得陰氣日長而陽氣日消。時間久了，到後來身中就全是一腔邪私陰氣用事。造成的結果就是，有的會出現預知未來的功能，有的能在暗室中看見光明，不明其理還以為是得丹成聖的效驗，又哪裡知道這只是自身陰氣積累所造成的。

我今天將這種陰氣經過修煉累積成一個陰鬼的偏差說出來，以便使大家知道，煉陰煉陽的分別只在一線之間，下手煉功時不可不警惕。」

本來面目章第五

「修煉內丹沒有別的玄妙，最重要的是要認得自己的先天本來面目。

大凡打坐練習入靜，若身心中有一種渾然與天地同體的感受，此時不要起念，不妨繼續靜定下去。縱然偶爾生起某種念頭，我們總是不理會它，不跟著它走，那些個知覺心、驚訝心、喜幸心等種種分別心，自然一概都沒有了。另外，你們在靜定中很久時，忽然進入大乘覺悟的境界，這雖然已見到了真性本體，但這個見性的境界說到底只不過是一下子迴光返照而暫時地呈現，還不能一直保持這個狀態，還要多多地調整練習，久久溫養，使這個先天的心性能夠穩定地、實實在在地進入我們的靜定之中，要知道這也只是回復我們原本就有的先天本來面目，不要因此而喜，也不要因此而受驚。如此久煉下去，方能返本還源，歸根復命。

在靜定上下功夫，靜了還要靜，定了還要定，將自己視若一個世上最懶惰的人，好像坐在床上連起身活動和吃飯的事都懶得做的樣子。這樣自然會日新月異，大藥自然產生。」

主靜立極章第六

（略）

慧光慧劍章第七

「人的慧光集中表現在目光上，你們必須在平時收攝中的眼光，將其返照於丹田氣海中，久而久之，虛無的身心狀態中，自然就會有慧光發現。

戒掉色欲才能固精，寡言少語才能養氣，要節制飲食，淡薄滋味，閒思雜慮。」

天人相通章第八

（略）

勉強用工章第九

「為什麼天天用功卻不見有大的長進呢？這都是由於用功未能相續成片，間斷的時間太多的緣故。

每天行住坐臥，都把心思放在修道上面來，不許有一息的放縱、一念的游移。照這樣做下去，只要半個月的時間自然就會見效。若到真陽之氣微有發動的時候，就要及時做河車運轉的功夫。為什麼？因為只要有一點真陽產生就進行採取，長久下去自然精滿氣壯而使真陽發生大動，到此時就大有身心上的有形變化可供驗證的。」

認取正覺章第十

（略）

動中修煉章第十一

（略）

自修其德章第十二

「人想要長生不死，除了『守中』和『轉河車』這兩種方法堅持不斷地修持外，那就再也沒有其他積精累氣的妙法了。

我看你們的功夫到了這個地步，可能將會有一些神奇的境界出現，我今天提前給你們道破其中的奧妙。凡有奇異的色彩、奇異的香味等，或現於目前，或聞於鼻端，或來於耳邊，不管什麼情況，總不要理它。甚至有可能會偶爾爆發出心靈的第六感，能知過去未來一切吉凶禍福，也總要收攝元神，以元神在其中做主，不為這些神異所惑。因為雖然這種心靈境界偶爾發露，天然一念現前，不需要人為的思索而能夠預知吉凶休咎，這也仍然屬於識神用事，切不可因此而生一歡喜心。要知道喜心一生，即使不入於魔道，也恐怕會自恃聰明，以為自己能預知，因而反為這些心外之事擾亂了心智，心念紛馳，使修煉從此止步不前了。殊不知道種種景象現前，大多是自家的多生多劫的宿根習氣被識神牽引而發生作用，並不是真正的元神的妙用。對於這種情況，我們總歸是要不理它，置之不論，這樣我對景無心而景自然會消失。這一點是這段時間你們修持的要害所在。切不可羨慕這些奇異景象，以至於自墮魔道，妄論吉凶。要知道這些都是自家習氣所造成的，不是元神元氣，不可把這些奇異現象相信為大道的功能。」

造端夫婦章第十三

（略）

完吾本性章第十四

（略）

覺照之心章第十五

（略）

世何足戀章第十六

（略）

說不如行章第十七

（略）

朝屯暮蒙章第十八

「這種火候運行都是生命的自然法則，初學道的人不要把它視為怪誕之事。

你們只怕不能久坐，不能耐煩罷了，如果能做到耐久靜坐，不過一月兩月，就會大有神效。」

（火候運行就是指進陽火、退陰符，亦即打通了任督兩脈。）

清真之樂章第十九

（略）

神仙大藥章第二十

（略）

致中致和章第二十一

（略）

元精化生章第二十二

（略）

成仙首務章第二十三

（略）

諸説詳解章第二十四

（略）

邵子詩解章第二十五

（略）

（以上節譯有關煉功相關的古書，現今之書請自行參考相關書目，有興趣的自行購買研讀。）

| 第三章 |

未來做法

第一部分你已知道，長生不死的首要步驟，就是煉功把你的靈魂能夠隨意自如的離開身體，這段煉功時間約三到五年，對現在人來說是蠻長的時間，但對於一生，卻是一剎那功夫，花時間來練一定是值得的。因為練得出來，後面才有意義，否則後面講的天花亂墜，也是沒有用。

要加速煉功成效，我的想法是，要集體煉功，就是每天固定時段，在一個固定場所煉功，因為這樣，可以彼此切磋、觀察，同時透過科技化高端設備分析，應該很快可以得到一個共通模式，達到出陽神的目標。

既然要集體煉功，以及後續發展靈魂載具，同時加以保存，這都是一個重要課題，因此成立一家公司是有必要的。

這一部分，我要說明的是，當你了解我們的實驗計畫及步驟後，我們要運作的內容。我會詳盡的說明，最主要的目的就是，讓投入者安心，同時也讓我把該講的講清楚，本人也是要投入煉功的行列，因此很多瑣碎的事，就在這邊解決，免得未來構思事情是很花精神的。

第一，要衡量自己加入本計畫的可能性

你必須相信靈魂與肉體是可以分離。

若你是一位教徒，不論是基督徒、佛教徒，或者回教徒、印度教徒，基本上你應該相信靈魂的存在，基督徒相信永生，佛教徒相信輪迴，回教徒及印度教徒相信重生等，所以是一位教徒，我可以不用說明靈魂及肉體分離的可能性，對於一位教徒而言，分離是正常的，無庸置疑，而我們要更進一步了解的是，靈魂與肉體的分離，可以不用在死後才分離，也可以在死前分離，這要透過一個方法，就是用中國道家的「內金丹法」，經由煉功，達到出陽神的情況，再經由溫養保持它，就有可能，這是你要加入前的必要認知。

若你不是一位教徒，就用科學的角度，來看看我所說的，有沒有科學的依據，這也是一個驗證的好方法。

你是否有空餘的時間來煉功，天下沒有白吃的午餐，這一煉功非常的公平，不是你有錢就可以的，也不是你有權勢就可以的，而是你必須親身投入才可以，同時煉功也會花費你很多的時間，最重要的是，煉功期間，你必須全心

全力，同時要把精神全部放空，因此，我的經驗告訴我，假如你還熱中人世的商場奮鬥及世俗的享樂，斷不可能有時間煉功，就算要練也不會成功，因此，我的分析一定要退休後約六十歲左右開始，最有可能成功，因為這個年紀，大概商場的風風雨雨也見多，該玩的也玩了，人生該做的也做了，接下來的時間，就只有好好的活著，好好的等死。了解了人生到此，也不過如此爾爾，靜下心來煉功，就變的有一點可能性，因此加入我們的條件之一，當然是要你有空餘的時間才行，初期入門，大概每日花四個小時即可，二個小時集體煉功，二個小時自宅煉功，應該短期內會有所感覺。

靜下心來，慢慢的，你的各方面，都會變得感覺好像不聰明，呆呆的，但是實際與人相處時，會變得很有智慧。各位屆時可以自己體會一下。

你是否有多餘的錢，這也是很重要，因為要靜心，一定不能有生活上的壓力，若有，心神一定不寧，這是煉功期間的要害，同時要加入我們，不是只有自己煉功，我們必須要租一個場地，實施必要的集體煉功及實驗記錄，這樣才能加快煉功腳步，同時各位也知道，除了集體煉功的場地，我們要同時研究靈魂載具，開發這一個東西，才能夠保存你的靈魂，這一切都需要錢，同時為了避免本組織淪為詐騙的組織，加入研究者，都必須要成為股東，來一起討論研究，因此要成為股東就必須出一定的資本，我們初期打算召集三十至五十人，每人投入約五十萬元，資本約為一千五百萬至二千五百萬元，運作一至二年後，看股東煉功成效，再看是否再募集新股東，我的看法，煉功而成的比例應該不會高於千分之一，因此未來我們都有募集股東的需求，當然越晚加入的，他必須投入的股金要越多，這樣對早期投入的人才有吸引力。

當然既是股東，你的股份自然可以轉讓，所以不用擔心，同時做為股東的人，也將擁有一個靈魂載具自用，當然前提是能夠發明出來。若自己煉功不成，股東權益基本上我們會讓你的下一代擁有，當然入股條件我們會在下面繼續說明。

所以自身有多餘的錢，就是閒錢很重要，假如你沒有，怎麼辦？我的建議是，趕快再去賺錢，有目標，錢存得很快，同時也可以進行自宅煉功，雖然成功機率不高，但若完成了出陽神的情況，我也會轉讓持股讓你加入我們的行列。

最後你想要加入我們的條件是，你對生命要有熱情，有沒有很多這輩子想做，還沒有做到的事，這些都是你選擇加入我們的一個重要的判斷要素。

第二，鼓起勇氣連絡我們

德不孤，必有鄰，既是同好，何不在一起？

惟有聯絡我們，才有機會加入我們，加入我們的方式為，可以把以下的意願書填妥後：

一、傳真（02-25785007）給我們。

二、寄（臺北市松山區光復南路十三巷四之五號二樓）給我們。

三、e-mail（x311131.chen@msa.hinet.net）給我們。

我們會在意願人數達到一百位時，舉辦說明會，到時再面對面溝通細節，各位就可以考慮是否參加了。

意願書格式如下，各位可以參考使用：

意願書

本人願意加入貴公司「長生不死」研究計畫，同時願意認股。認股後享有公司法上股東之權利義務。認股前將參與認股說明會，了解認股金額後，再行決定入股與否。先行通知貴公司，若有說明會時，請告知時間及地點，本人將盡可能出席說明會。

以上

意願人簽名：

居住地：

聯絡電話：

日期：　年　月　日

第三，說明會的成立

當有約一百人願意加入我們時，將會召集開會，再度詳細說明。當然我們會找一個場地，同時我也會準備一個說明稿，由於參加者都是六十歲以上或退休的人，因此說明會分成兩個部分，就是說明和討論，說明時間約三十分鐘，把本書內容濃縮講解，說明完畢後，再行討論，讓有興趣的人，確定是否認股，要認股的人可以當場登記，因為這是要經過法律募資程序的，我們一切以合法為準。

在這個研討會上，我將會說明到最後一人沒有問題為止，這一階段就不限時間，我們所租的場地約為三個小時左右，應該足夠。

我的說明稿大約如下：

一、展示（世界首富照片）。

二、這些是甚麼人——有錢的人——他們的共通點。

三、會死。

四、展示（APEC元首照片）。

五、這些是甚麼人——有權的人——他們的共通點。

六、會死。

七、既然會死——他的錢買不了長壽，他的權勢換不了長壽。

八、早死晚死都會死，人生的意義何在？

九、基本上毫無意義，只能用一些話語騙術來麻痹自己。

十、比如說，生命在創造宇宙繼起的生命，說得多好。

十一、展示（老人照片）。

十二、就算未來生物科技進步，你要這要活下去嗎？就算活得再長也沒意義。

十三、人生必定要完成的三十件事，有意義嗎？

十四、人生必定要造訪的地方，否則會後悔一輩子，有意義嗎？

十五、我常想，若都做不到以上的事，會怎樣，基本上不會怎樣。

十六、人只有一世，早死晚死，都會死，有什麼差別？

十七、我們的願景。

十八、展示（明星照）。
十九、展示（未來星際殖民照）。
二十、展示（天堂照）。
二一、因此一輩子，是不夠的，所以有沒有辦法延長壽命。
二二、未來如何發展？
二三、外在科學的極致——仿生人。
二四、人體科學的極致——靈魂出竅及操控。
二五、我發現了一個方法。
二六、就是借用道家的一個方法，「羽化登仙」術，而我們不用修到成仙。
二七、我們只要做到「出陽神」即可，時間大概要四到五年時間。
二八、我們有的是時間。
二九、能夠出陽神時，我們會研發一種器具，保存這一個靈魂。
三十、藉由本公司永續經營，讓公司來保存這一個靈魂。
三一、直到仿生機器人，可以做到你三十歲的模樣後。

三二、再把你的靈魂放入仿生機器人中。

三三、你就有一個你三十歲的軀體，而擁有你現在的靈魂。

三四、煉功的時間約為四到五年，每日約二至三小時，這不會影響你日常生活。

三五、平常你仍可以有正常的社交活動，比如含頤弄孫等。

三六、煉功完成後，你只要在你病重前四至六個月時，把你的靈魂出體暫存即可。

三七、這不會影響你的正常生活，你唯一要注意的是煉功完成後，小心不要有意外發生即可。

三八、煉功的細節將會在你加入股東後，做更深入說明。

三九、我們會找一個場地來集體煉功。

四十、我們會在這一個場地來做科學實驗。

四一、同時我們會找各領域的專家來指導。

四二、我們希望在最快的時間，達成目標。

四三、當然最重要的還是你們的投入。

第四，說明會後，公司將辦理增資，開始運作

我們增資後的公司章程如下：

浩氣長存生命科學股份有限公司　章程

第一章總則

第一條　本公司依照公司法股份有限公司之規定組織之，定名為浩氣長存生命科學股份有限公司。

第二條　本公司所營事業如下：

IG01010生物技術服務業

IG02010研究發展服務業

F601010智慧財產權業

I301010資訊軟體服務業

I301020資料處理服務業

I103060管理顧問業

F401010國際貿易業

ZZ99999許可業務外，得經營法令非禁止或限制之業務

第三條　為達成多角化經營之目標，本公司轉投資其他公司之投資總額得超過本公司實收股本百分之四十。

第四條　本公司因業務需要，得對外保證。

第五條　本公司設總公司於臺北市，並得視實際需要於國內外適當地點設立分支機構。

第六條　本公司之公告方法，除公司法或其他法令另有規定外，以登載於總公司所在地通行日報之顯著部分行之。

第二章　股份

第七條　本公司股份為玖拾萬股，全額發行。

第八條　本公司不印製股票。

股東應將其姓名或名稱、住所或居所及股數通知本公司記入股東名簿，並將印鑑卡送交本公司存查。法人股東亦得要求登記其代表人印鑑送交本公司存查。

第九條　股份轉讓應由轉讓人與受讓人填具申請書並署名蓋章，向本公司申請過戶，非經記載於本公司股東名簿，不得以其轉讓對抗本公司。

第十條　每屆股東常會開會前三十日內，股東臨時會開會前十五日內，或本公司決定分派股息及紅利或其他利益之基準日前五日內，停止股東名簿變更。

第三章　股東會

第十一　條本公司股東會分下列兩種：

一、股東常會：每年至少召集一次，由董事會召集，並於每會計年度終了後六個月內召開。

二、股東臨時會：於必要時依公司法規定召集之。

第十二條　股東常會之召集，應於二十日前，股東臨時會之召集，應於十日前，將開會之日期、時間、地點及召集事由通知各股東。

第十三條　本公司股東會職權如下：

一、修改公司章程。

二、董事及監察人之選任、解任。

三、承認年度財務報表。
四、決議資本總額之增減。
五、決議盈餘分派或虧損撥補議案。
六、決議董事及監察人之報酬。
七、決議公司解散、合併或分割議案。
八、其他依公司法或其他法令賦與之職權。

第十四條　股東會之決議，除公司法另有規定外，應有代表已發行股份總數過半數股東之出席，以出席股東表決權過半數之同意行之。

第十五條　股東之表決權。除公司法另有規定外，定為每股一權。

第十六條　股東因故不能出席股東會時，得出具公司印發之委託書，加蓋留存本公司之印鑑，載明授權範圍，委託代理人出席股東會。一股東以出具一委託書，並以委託一人為限，應於股東會開會五日前送達公司。

第十七條　股東會由董事會召集開會時，以董事長為主席。董事長請假或因故不能行使職權時，其代理依公司法第二〇八條第三項規定辦理。

股東會由董事會以外之其他召集權人召集開會時，以該召集權人為主席，召集權人有二人以上時，應互推一人擔任主席。

股東會之決議應依照本公司股東會議事規則辦理。

第十八條　股東會議事錄由主席簽名或蓋章，連同出席股東之簽名簿及代理出席之委託書，一併保存於本公司。

議事錄應記載會議之年、月、日、場所、主席姓名、決議方法、議事經過之要領及其結果，在公司存續期間，應永久保存。出席股東簽到名簿及代理出席之委託書保存期限，除公司法另有規定外，保存期限至少一年。

第四章　董事、監察人及經理人

第十九條　本公司設董事三人，監察人一人，由股東會就有行為能力之人選任之，任期均為三年，連選得連任。

第二十條　董事會由董事組織之，其職權如下：

一、造具營業計畫書。

二、提出盈餘分派或虧損撥補之議案。

三、提出資本增減之議案。

四、編製重要章則及擬定契約。
五、委任及解任本公司之總經理、副總經理、協經理。
六、轉投資其他事業之核定。
七、分支機構之設置及裁撤。
八、編造預算及決算。
九、委任及解任會計師、主辦會計。
十、於授權資本額範圍內，股東以對公司所有之貨幣債權或公司所需之技術、商譽抵充股本數額之核定。
十一、於授權資本額範圍內，公司發行新股作為受讓他公司股份之對價之核對。
十二、決議發行員工認股權憑證。
十三、決議收買公司股份供轉讓予員工。
十四、決議向證券管理機關辦理公開發行。
十五、其他依公司法或股東會決議賦與之職權。
公司業務之執行，除公司法或公司章程規定應由股東會決議之事項外，均由董事會決議行之。

第二一條　董事會應由三分之二以上董事之出席及出席董事過半數之同意互選一人為董事長，並得視實際需要互選一人為副董事長。董事長代表本公司。如董事長請假或因故不能行使職權時，其代理依公司法第二〇八條第三項規定辦理。

第二二條　董事會除公司法另有規定外，由董事長召集之並擔任主席。董事會之決議，除公司法另有規定外，應有過半數董事之出席，出席董事過半數之同意行之。

第二三條　董事會之召集，應載明事由，於七日前通知各董事及監察人。但遇有緊急情事時，得隨時召集之。

第二四條　董事因故不能親自出席董事會時，得委託其他董事依法代理出席，前開代理人以受一人之委託為限。

董事居住國外者，得以書面委託居住國內之其他股東，經常代理出席董事會。前開代理，應向主管機關申請登記始生效力，變更時亦同。

第二五條　監察人之職權如下：

一、查核董事會向股東會造送之帳目表冊報告書。
二、查核預算及財務狀況。
三、監察及調查公司業務執行情形。
四、其他依公司法賦與之職權。
第二六條　監察人得列席董事會陳述意見，但無表決權。
第二七條　本公司得設經理人若干人，其委任、解任及報酬依照公司法第二十九條規定辦理。

第五章　會計

第二八條　本公司會計年度自每年一月一日起至十二月三十一日止。每屆會計年度終了應辦理決算，由董事會依照公司法規定造具下列各項表冊於股東常會開會三十日前交監察人查核，並由監察人出具報告書提交股東常會請求承認之營業報告書。
一、營業報告書。
二、財務報表。
三、盈餘分派或虧損撥補之議案。

第二九條　本公司每年度決算如有盈餘，於完納稅捐、彌補以往年度虧損後，分派盈餘時，應先提列百分之十為法定盈餘公積。其餘額之全部或一部併同以前年度累積未分配盈餘，由股東會決議保存或分派之。

唯分派盈餘時，員工紅利為新台幣壹萬元。

第三十條　本公司組織規程及辦事細則另訂之。

第六章　附則

第三一條　本章程如有未盡事宜，悉依公司法規定辦理之。

第三二條　本章程訂立於中華民國八五年九月十日

第一次修訂於民國八六年三月十五日

第二次修訂於民國八六年八月九日

第三次修訂於民國八八年一月十八日

第四次修訂於民國一〇六年七月十日

第五次修訂於民國一〇六年八月二十一日

第六次修訂於民國一〇六年八月二十一日

第七次修訂於民國〇〇年〇〇月〇〇日

第五，若公司開始運作，第一年的作業內容

（一）增資順利完成。

（二）要尋找煉功場地，初步規劃在捷運站旁步行五分鐘以內的大樓頂樓為宜。

（三）同時會裝潢煉功場地及應募管理人員。

（四）訂定場地使用辦法。

（五）訂定場地監控及觀察實驗記錄。

（六）煉功方法，尋找各方面專家名師指導。

（七）會員宣誓守則，詳列權利及義務。

本公司組織將採用董事制，初期本人將為董事長，就是執行者。股份採用無面額股制度，完全依照新公司法所訂（民國一〇七年），增資股金暫定從五十萬起算，第一波募股，每人將得基本股數之持股。所有增資股款，皆為公用。本人會控制未來增資股款，讓公司能有效的運作，這是現階段不得已的做法。

第六，其他細項之工作計畫

我們的股東就是會員，我們會依需要，隨時召集股東會會議，來充分溝通所有內容，集思廣益，奠定公司未來能永續發展基礎。

討論溝通下列事宜，讓本計畫運作更為完善。

溝通之內容如下：

（一）場地位置；

（二）煉功方式；

（三）設備購買；

（四）研究項目之外包；

（五）近程、中程、遠程計畫之擬定。

第七，近程計畫

我們將做一個實驗，就是讓二個能出陽神的人，在同一地點，同一時間，同時出陽神，然後身體互換，再加以驗證是否可行，如此就能證明出陽神的真實性，同時也可以知道靈魂載具的必要條件，若能成功，代表本計畫是可行的。

第八，中程計畫

若能確定出陽神的真實性，接下來就可以打造一個靈魂存放的載具，這個載具將可以永久保存你的靈魂，靈魂載具的打造保存，勢必要投入一筆資金，這就是為什麼加入者必須為股東，同時要出一筆錢的原因。

第九，遠程計畫

永久保存這些載具，俟科技純熟時，就是你再重新做人的開始，但這是以後的事，不用我們煩惱。

知道了這些，若你有興趣，期待你的加入。

第四章

啟示感言

一、《金剛經》閱讀心得

回想民國七十四年（我二十五歲）左右開始工作時，有書報雜誌介紹說《金剛經》這本書很好，對心靈及處事都有不錯的幫助，因此就去買了南懷瑾所著的《金剛經說甚麼》這一本書來看，看了二頁後，實在看下去了，因為經文太虛無飄渺，就把它束之高閣。又過了十年，民國八十四年左右，已經開始創業了，想來這本書應該對創業有所幫助，因此又從書架上拿下來，再看，也是看了二頁，還是看不下去，再把它束之高閣。直到民國九十四年時，事業稍有成就，也面對了許多事情後，開始對宗教有點興趣，此時再把它拿出來看，沒想到數日間就把它看完了，而且還有些心得。

這說明了，時間是很重要的，在甚麼時候做甚麼事，才能得到一件事應有的成效。

當然針對這一本書，本人也產生了一些的想法，容後再談。

但這一研讀的經過，讓我了解了，我們對任何事情的體悟，一定是經過自己所見、所聞及親身經歷交織而成，而後透過自己的慧根，才能有創新的見解。

當然不是每一個人都有慧根。

★批閱（寫下你的看法）

二、你看得到神蹟嗎？談談玄奘

玄奘（俗稱唐三藏），應該沒有人不知道，他是唐朝唐太宗時有名的高僧，他曾經去西方取經，小說《西遊記》的主角，也真的帶回很多佛經，其中最著名的佛經為《瑜珈師地論》，他就是為了這本經書而前往西方取經的，回國後，他從事講學及譯經的工作，受到皇帝的賞識，一般被認為是得道的高僧，有趣的是，玄奘死前三四天，在彌留之際，突然迴光返照（醫學上所謂的譫妄症發生），說他自己看見了「成百上千的人，穿著華麗的衣服，及很多滿載食物、器具的車子，輝煌亮麗的前來迎接供養他」，他最後說了一句話：「這或許就是書中所說的神蹟吧，我一生修行，或許是有了福慧，才能看到！」因此我們從這句話，就可以知道，玄奘一生研習佛法，為一代高僧，無人可及，但終其一生，除了死前，所發生的譫妄現象，他從來沒有碰到神蹟發生，這不是很有趣嗎？

玄奘所說的話是根據《大唐大慈恩寺三藏法師傳》所云。

玄藏死前幾日，原文如下：

「至九日暮間。於房後度渠。腳跌倒脛上有少許皮破。因即寢疾。氣候漸微。至十六日如從夢覺口云。吾眼前有白蓮華大於槃。鮮淨可愛。十七日。又夢見百千人形容偉大俱著錦衣。將諸綺繡及妙花珍寶裝法師所臥房宇。以次裝嚴遍翻經院內外。爰至後院山嶺林木。悉竪幡幢。眾採間并奏音樂。門外又見無數寶輿。輿中香食美菓色類百千。並非人中之物。各各擎來供養於法師。法師辭曰。如此珍味證神通者。方堪得食。玄奘未階此位。何感輒受。雖此推辭而進食不止。侍人謦咳。遂爾開目。因向寺主慧德具說前事。法師又云。玄奘一生以來所修福慧。准斯相貌欲似攻不唐捐。信如佛教因果並不虛也。」

依《玄奘西遊記》一書中作者錢文忠之白話譯文如下：

「正月初九，在房子後面跨越一道小小的水溝時摔了一跤。雖然只不過是稍微擦破了腳踝處的一點點皮而已，玄奘卻從此倒下，病情急轉直下。

正月十六，玄奘的病情已經十分嚴重，整天迷迷糊糊，口裡喃喃自語，說他見到了很大的白蓮，比盤子還大，非常潔淨，非常可愛。第二天，玄奘又夢見在他住的禪房裡面突然出現了成百上千的人，非常高大，身穿錦繡服裝，在他禪房裡來回地穿行，院子後面的山陵之間突然布滿了鮮豔的金幡、旗幟，林間奏響了各種各樣的音樂，門外停滿了裝飾華麗的車子，車子上裝滿了各種各樣的食物，來供養玄奘。玄奘一面說，我沒在這位子，我怎敢承受。不過一面卻還在不停的進食。弟子趕緊把玄奘叫醒，玄奘睜開眼睛，把自己剛才看見的事情告訴了隨時等候在他身邊的玉華寺主慧德法師，而這個寺主非常恭敬地把玄奘的描述記下來，留給了後人。玄奘同時還對惠德法師說，我在夢境當中看到的這些現象，好像表明我這一輩子所修的福慧沒有白費。確信，佛教因果不是虛妄之說。」

因此在宗教上，所謂的神蹟發生，我們必須格外小心求證。大部分是假的，神蹟發生的機率，可能跟我們長生不死科學實驗的成功機率是一樣的。

★批閱（寫下你的看法）

三、拈花微笑之我見

佛陀活了八十多歲，依現在的年齡可以說達到一百二十歲至一百五十歲了，他有長壽的基因及環境，但並非一般人可以達成。人是否有來世？基本上，佛陀是懷疑的，但是對人的「生，老，病，死」，怎麼看，要如何看待，佛陀只能用來世、輪迴來說明，這才有辦法讓人快樂自在，實在是不得已的做法，所以他講了很多佛法，很難擺脫這一個思想及觀念，我們現在的人，稍微用心一下，應該可以完全理解體會。

所以當佛陀在進入涅槃之前，有一次在靈鷲山頂傳法時，詢問眾多圍繞在他身邊這麼多的弟子，問大家說：「不久之後，我就要涅槃了，諸位想要問法的，就快點隨你所想要知道的問題問吧，我想把佛法傳給你們。」聽到後，大家默然無聲，大家都在想，佛法是甚麼？以前大家只是好玩聽聽，根本都沒想要去實證，所以要繼承佛陀的衣缽，來宣傳佛法時，是有困難的，大家都不敢自告奮勇，這時候因為有人送一朵花給佛陀，佛陀就順勢拿著這朵花給眾人看，弟子都不知何意，所以不知道該講甚麼？剛好有一位弟子叫做摩訶迦葉看到後，露出微笑，佛陀看到了，就說：「我有正法眼藏，涅槃妙心，實相無相，微妙法門，不立文字，教外別傳，我的衣缽就傳給摩訶迦葉了。」這就是拈花微笑，以心傳心的由來。一般人都是以禪宗的觀點來看這一件事。

但我從另一角度來看，佛陀講道四十年，立下經書繁多，當他拈起蓮花，說明這是甚麼意思時，弟子們都不知道，也就是佛陀說了很多佛法，弟子都聽了，但都聽得一頭霧水。傳教的內容故事很好聽，因為佛陀唱作俱佳，但真正了解佛陀所想的真意，沒人知道。而我認為，佛陀的真意是，我佛陀所說的，「都是一些善意的謊言」，它能讓你們可以活得快樂些，但真相是殘酷的，你們無須知道，而這些真相真理只有摩訶迦葉知道，所以他才會微笑，他了解我，而他也會用我的善意謊言繼續做下去，來普渡眾生。

直到今天，佛書眾多，你用一輩子也看不完，所以你想要看完後能夠頓悟，了解人生是什麼？似乎也不需要。

佛書這麼多，看就對了，不會有看完怎麼辦的煩惱。

★批閱（寫下你的看法）

四、對奧修大師一個有趣的感想

奧修是一位印度宗教大師，很有爭議性，他的立論精闢，國內他的相關書籍很多，而且他講的宗教觀點，很得我心，當我對宗教有熱忱時，買了他的相關書籍，超過五十本以上，他最重要的觀點，就是人生的意義，就只是「存在」。他說存在就如同一首「詩」。說得真好，真美。

他博學多聞，各國的宗教都有涉獵，尤其他還研究中國的道教，不可思議。他還認為自己是老子轉世的，哈哈，有趣吧！他有介紹我們應該讀的書，我也有買下來閱讀，因此有受到他的影響，前後包含他的著書，至少有百本以上。

他因為每天都在讀書及講道，他有一間自己的圖書館，藏書十五萬本左右，他都看過。不得了，我算一算，他每天都讀七、八本書。

不過最好玩的是，在他過世前幾年（六十歲過世），有記者問他最近的閱讀情況，他說了一段很有趣的話，說道：「我現在沒有閱讀了，因為大部分的書籍內容，都是垃圾，一百本書中只有一本可讀。」

哇！

這意味著是，我讀了他論述的書籍及介紹的好書一百本，因為百中選一，就是一般書籍的一萬本，所以我的知識量是從一萬本起跳，當有人問我讀了多少本書，我可以很自豪的說，已經讀了一萬本了（不過有九千九百本是垃圾）。

奧修為一代宗教大師，快到六十歲時，才有如此體悟，妙哉！妙哉！

★批閱（寫下你的看法）

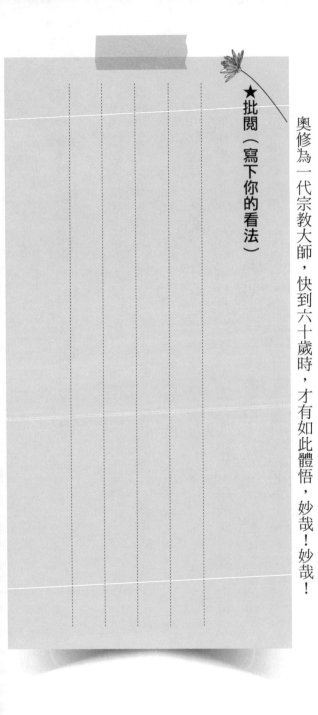

五、成道階段之我見

成道就是頓悟，就是了解人類生命的意義。

我認為一般成道應該分成幾個段，全部經歷過以後，才算是真正的成道。一般人只經過第一階段而已。

一般人在年輕時是不會相信神的，相信神不是他生命奮鬥的必要條件。簡單的說宗教無法吸引他們，

可是一般人到五十到六十歲之間，會感到生命無常，同時經歷過生命中風風雨雨的事以後，會覺得有一種無奈感產生，這時大部分人都會投向宗教的懷抱。會從宗教中得到心靈的平靜。若一般人未再深思宗教的本質，對宗教的信仰，就此打住，你會得到一時快樂，這就是做一位信徒的好處，任何宗教都是一樣，有人喜歡佛教，有人喜歡基督教或是回教，都沒關係，只要不是邪教。由於一般信徒對宗教不會有更進一步的探索，因此很多人死前都還是深信一個宗教，當然這是好的，至少他死前有一個心靈的寄託。

然而有一些少數的人，會繼續探索人的生命本質及各種宗教的理論，最後

他會發現，根本沒有神這一回事。當然他認為沒有神這一件事，和一般人尤其是年輕人剛入社會時，認為一切都是人的努力，不能靠神，甚至不相信神，這兩種不相信的品質是不一樣。

了解了真正沒有神，是痛苦的，反而比那些不知神為何物，相信就對了的人，他們是快樂的，所以你會再思考，怎麼辦才能讓自己快樂，這時你會有一個體悟，就是你要創造一個神，這樣你才能快樂。所以坊間就出現了各式的宗教，而這一些人創造了自己就是神的神話。

可是有一部分人他沒辦法裝神弄鬼，這不是他的本性，他必須再一步進化，重拾他的希望及心靈的寧靜祥和，否則他沒辦法活著，他寧可選擇死亡。

但他會「基於慈悲好好的活著，看這社會光怪陸離的現象，他會遠離它，尋找一種希望」。這種人才是真正的成道。

什麼是「慈悲」？因為還有很多在乎你的人，你的死亡可能造成他們的傷害及痛苦，比如你年邁的雙親，幼小的子女，無助的配偶等等，所以你基於慈悲，選擇活著，俟機來開導他們，什麼是生命的意義。

至於「希望」，每一個人追求的希望不同，只能各自努力了。

但對我來說，剛好在這一個好的時機，我發現了人可以「長生不死」的機會，這是本人的頓悟，或許可讓一些快要真正成道的人做參考。

★批閱（寫下你的看法）

六、電影《變人》觀後心得

電影《變人》，是我第一個蒐集的國外電影DVD。我之所以搜集它，是因為我對這部電影的內容很感興趣，這也是我對人生的一個體悟。

《變人》為台灣的譯名，美國版是《二百歲》英文名字為「Bicentennial Man」。故事內容是說，在未來，有一個家庭，有男女主人及其二名女兒，男主人買了男性機器人，來幫忙家庭清理及管家業務，而這位機器人由於設計的問題，變得有創造力，他會雕刻各種動物模型，因此男主人就替他爭取一些權利，他可以賣雕刻品，同時可以保有金錢，而後男主人死了，雖然二女兒對他很好，終究機器人覺得孤單，所以他要浪跡天涯，尋求和他同型的機器人，因此出外旅行，途中他遇到一位科學家，科學家可以把機器人變得更像人類，而他也願意改變，經過三、四十年後，因為找不到同型的機器人了，因此就回家鄉，回到他男主人的家，回家後看到二女兒的女兒，還誤以為是二女兒，而後二女兒死了，他跟二女兒的女兒戀愛，最後還結婚，因為他已經被改造成和人類一模一樣，同時繼承了人類所有的優點，而且不會老。但隨著時間的過去，二女兒的女兒也老了，而顯得越來越不安，因為機器人不會老。這時機器人也覺得若他不會老，不僅會影響二女兒的女兒情緒，同時二女兒的女兒若死了，他應該也快樂不起來，因為愛她，所以他就決定做最後的手術，讓他的外型也會變老，最後他們都很老時，一起安樂死。

這個影片大概是我二十多年前看的，當時我有一個感想是，人若活得很長，有意義嗎？機器人都想死，這讓我對人的生命有了一個新的體會，因此這片DVD出版時，我就買了下來。

當初想的是，機器人都想死，人為什麼怕死呢？

而現在的想法是，既然人可以不死，為什麼一定要死呢？

當時機器人想死，是因為基於孤單，或沒有了生存的目標。

而我現在的觀點和以前反差很大，那是因為科技的發達，改變了我的觀點。因此我把這篇的感想，保存下來，與各位分享。

觀點會因為時間、客觀環境、主觀認知的改變而改變，這就是人生有趣的地方。

★批閱（寫下你的看法）

七、電影《可可夜總會》觀後心得

最近看了一部電影，叫做《可可夜總會》，一部3D動畫電影。從這部電影，倒是可以解釋靈魂存在的另一種概念。

電影是從墨西哥的「亡靈節」為背景，引伸的一個故事，其中它對靈魂的概念，我覺得很棒，因為他解決了另一個世界靈魂過多擁擠的問題。

它對靈魂的論述如下：「人會有兩次死亡，人死亡後會有靈魂，靈魂會到另一空間生活，而這個靈魂若在人世間還有人記得或被祭拜時，這個靈魂就可以在陰間繼續存在，直到人世間沒有想你的人或被人祭拜時，你在陰間會再死一次，那就永遠不見了。」

這一個觀念很好，它解決了，人死後都在西方極樂世界，或者在天堂或者地獄。從有人類以來，這麼多人死去，難道不會擠爆這些地方，同時你死後，不僅見到你的父母親，祖父母，還見到歷代祖先，認識上就不知道要花多少時間，真的不合一些宗教上死後的邏輯。同時這也可以警示現代人，慎終追遠的重要性。墨西哥亡靈節對亡靈的論述觀點，比我們的宗教，論述死後亡靈的觀點好太多了，我們講得太模糊了。

因此每一個民族都有它的優點，我們不得不尊重及佩服。

這讓我想到一個笑話，它說：「憂鬱症的患者，最多是在天堂，因為基督徒死的時候，每一個見證者都說，死者有多好多好，因此每一個人，都上了天堂，都到了耶穌基督的身旁，因為每一個都很好，沒有缺點，都不用改善，因此在天堂很無聊，無聊到，每一個人都得到憂鬱症了。」

★批閱（寫下你的看法）

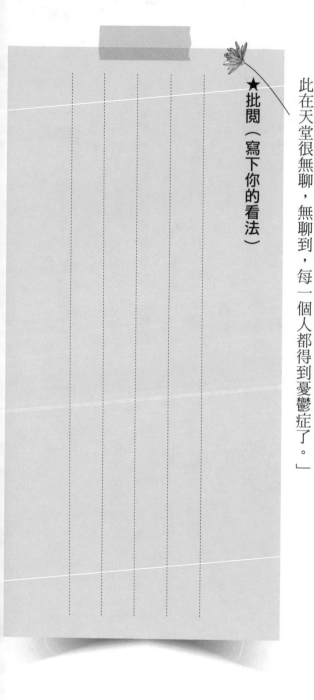

八、阿拉丁神燈的神比喻

阿拉伯世界有一千零一夜的故事，其中阿拉丁的故事中，有一個神燈，只要在神燈上面摸一摸，就會有一個精靈跑出來，問主人有甚麼願望，他可以幫忙完成。這個神燈就好像我們將要開發的靈魂載具，但我們可以更高級一些，環境更好一些。我想這是一個既通俗又很好的解釋，我們的靈魂載具是什麼東東。

★批閱（寫下你的看法）

九、《明日醫學》一書讀後感

我看到商周雜誌的書摘，有一篇介紹《明日醫學》一書，這本書由湯瑪斯．紓茲所著，中文版由國內寶鼎公司出版。他有一個副標為「活到二百歲？揭祕矽谷富豪的長生投資」。

本書提到，致力於長壽研究的科技人才與科學家，大抵分兩個陣營，一個是如Unity Biotecknology生技公司，以「健康年限」為重點，他們未必以延長人類壽命為目標，但求盡量保持健康，也就是活著時身體與精神能力都能全力展現。另一個陣營，則是「永生派」，盼望長生不死，這些人確信，人類壽命沒有確定年限，所以我們可將之延長十年，甚至百年。永生派人士將人體視為機器，認為是可以修理的，而老化則是一個待解的技術問題。如同抗生素與現代外科醫學有助於延長平均壽命，如今的數位醫學、AI療法、基因操控等，將為人類再加碼延長壽命十年。

其中永生派還可再細分為兩個陣營。大多數人努力的方向，是以科技設備來掌控人體的老化過程。然而為數不多的激進分子則更進一步，想將人類與機器合而為一，他們點出了未來的某個時刻，當人類與機器相近到某一個程度時，就是人類引爆下一階段進化之時。那會是一連串的連鎖反應，在那之後，整個世界都會完全改觀。而一部分數位化的人體，則無須再在乎死亡的威脅。

雖然本書的觀點和我相近，但他們沒有具體可行動的方法，好在我們老祖宗給了我們方法，加上現今的科技，或許就有辦法達到人類「長生不死」的終極目標。

★批閱（寫下你的看法）

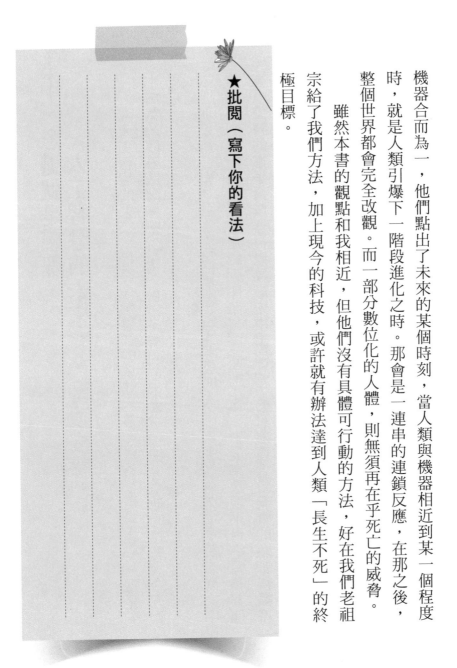

十、意識就是靈魂，《人工智慧的未來》一書讀後感

《人工智慧的未來》揭露人類思維的奧祕（How to Create Mind）」這是一本由雷・庫茲威爾（Ray Kurzweil）所著的一本書，根據書中他的經歷，令人欽佩。

他是第一台CCD平台掃描器的主要發明人，也率先發明全字體光學文字辨識器、第一台盲人使用的列印語言閱讀器、第一台能夠重現平台鋼琴和其他樂器聲音的電子合成器，以及最先推出商品化的可處理大量詞彙的語音辨識系統。

他是美國國家科技獎章得主，入選美國發明家名人堂，擁有十九個榮譽博士學位，並三度獲頒總統榮譽獎。他的著作每一推出都造成轟動。

哇！天才。不過天才也會死，好公平喔！

這本書中，我認為最重要的是「思維的思想實驗」這一章。這一章說明大腦產生思維，而思維就是意識。

我認為科學家認定的意識就是靈魂。「意識」是科學的用語，「靈魂」是哲學的用語，代表的東西是一樣的。

書中說明，人的意識最終是可以存放於雲端。跟我的想法是雷同的，只可惜，作者是完全的科學家，用科學角度來思考，假如他能像賈伯斯，有一點東方哲學的研究或涉獵，他就會和我有同樣的想法。

文中提到一些，和我們的計畫有可以佐證的地方，我節錄下來，若要我說明的，我的說明就用括號（ ）表示。

一

我基於以下這幾個原因，以達爾文和愛因斯坦的思想實驗做為本書的開場白。首先，這些思想實驗展現出人類的非凡能力。在沒有任何其他設備的情況下，愛因斯坦只用筆和紙就描繪出這些簡單的思想實驗，並由此寫出相當簡單的公式，推翻了統治物理學領域長達兩個世紀的傳統觀念，對歷史發展產生深遠的影響，並且開啟核子時代。

二

一九八〇年代時，我們開始研究語音辨識，這項技術持續發展數十年，現在是SIRI系統的一部分。同樣地，你有可以在幾秒內就下載這種研究電腦經過多年才能學會的最新模式。

我們會研究出一種人造新皮質，在功能和變通性上都跟人類大腦新皮質極為相似。想想這種人造新皮質有什麼好處：電子線路運行的速度會比生物線路快上幾百萬倍。

當我們以一種人造版本來擴大新皮質，我們無需擔心我們的身體或大腦能裝進多少附加的新皮質，因為就像如今我們運用的電算技術一樣，人造新皮質大多會儲存在雲端。

（這可以說是一種意識的存儲器，就是我們要發展的靈魂載具一樣）

三

（重要的一章〈思維的思想實驗〉的論述）

（一）有許多人認為，意識是一種表現形式，比方說，是一種自我反省的能力，意即能理解及解釋自己想法的能力。我會把它描述為思考自己思想的能力。

（二）我們還可以把意識這個概念當成一個具有「感質」（Qualia）的系

統。那麼，什麼是感質？其中一種定義是：感質是一種「意識經驗」。然而，這個定義並沒有給我們甚麼提示。

（三）所以關於意識這個問題，我們究竟該如何理解？它應該是這樣的：誰是有意識的，或意識是甚麼？我在本書書名《How to Create Mind》中使用「思維」（Mind）一詞，而不是用「大腦」（Brain）這個字眼，那是因為思維是有意識地大腦。我們有可以這樣說，思維是有自由意志和身分認同的。斷言這些問題是哲學問題，這種說法並非不證自明。我堅信，這些問題決不可能只靠科學就能解決。換句話說，除非先做出哲學假設，否則我們無法設想透過可證偽性的實驗來解決這些問題。

（四）事實是，這些理論全都是信念之躍。我想補充說明的是，在討論意識時，指導準則就是「你必須有信念」，也就是說，在討論意識是什麼，誰是有意識的，以及哪些生物具有意識這些問題時，我們都需要做出信念之躍。否則，我們無法知道明天該怎麼度過。但是應該坦誠面對意識這個問題，了解我們需要在信念上做出甚麼轉變，以及信念轉變會涉及的自我反思等基本需求。

（五）如果你接受這種信念之躍，即非生物體對反應做出的感受令人信服，就表示該生物體是有意識的，不是其運行機制所仰賴的基質。科學和意識在概念上有一個差異：科學是客觀衡量，我們依此得出結論，意識則是主觀經驗的同義詞。

（六）關於意識和現實世界的本質，西方和東方的觀點有何不同。西方人認為，先是有一個物質世界，它的資訊模式不斷在演化，經過了幾十億年的演化，物質世界中的實體終於演化成有意識的實體。東方人則認為，意識是現實的基礎，透過有意識的實體思維，才有物質世界的存在。換句話說，是有意識的實體思維讓物質世界得以具體呈現。這些說法當然是把複雜的哲學簡化了，但是卻表現出意識哲學的主要分歧，以及意識跟物質世界的關係。

（七）「靈性」（Spiritual）這個詞語常被用於表示事物最終的重要性。很多人不喜歡使用靈性或宗教傳統中的這類詞語，因為那可能暗指一些他們並不認同的信念。但是，如果我們拋開宗教傳統的複雜神祕，只把「靈性」當成人類有深遠意涵之物，那麼意識這個概念也同樣適用。因為，意識反映出最終的靈性價值。事實上，「靈性」本身常被用來代表意識。那麼，演化就可以被當成是一種靈性過程，因為演化創造了有靈性的生物，就是有意識的實體。演化也往更複雜、更博學、更睿智、更美好、更有創意的方向發展，並提高表達更超然情感，例如：愛的能力。這些描述都是人們用以形容「神」的概念，只不過人們認為神在這些方面的能力是無限制的。

（八）我所舉出的觀察與實驗，都屬於跟自由意志有關的思想實驗。自由意志這個主題和意識一樣，從柏拉圖以來就一直爭論不休。「自由意志」（Freewill），它究竟是什麼意思？《韋氏字典》將其定義為：「人類有做選擇的自由，這些選擇不受制於先前的原因或神的干預。」

（九）意識確實是人類大腦與當代軟體程式之間存在的一個哲學性差異。我們認為人類大腦是有意識的，而軟體程式不具備或尚未具備這項屬性。這是不是就是我們在尋找的跟自由意志有關的因素呢？一個簡單的思想實驗顯示，意識確實是自由意志的一個重要部分。如果一個人在執行一個動作時，沒有意識到自己正在做什麼，就表示這個行動是由其大腦的無意識活動而完成的。我們會認為這是自由意志的展現嗎？

（十）不管我們最後會成為怎樣的人，我們每個人都想要堅持自己的主體。如果你沒有求生的意志，你不會活到現在，而讀我這本書。每一個生物都有求生意志，這是演化的主要決定因素。主體這個問題也許比意識或自由意志更難界定，但也更為重要。畢竟，如果我們想要生存，我們就需要知道我們是什麼。

（十一）我們再來看看另一個思想實驗。就是你經歷一個手術，以非生物裝置替代你大腦內一個非常小的部分。你確信這樣做是安全的，而且據說這樣裝置帶來各種好處。比如帕金森氏症患者植入精密電極，失聰者植入人工耳蝸，眼睛植入水晶體等等。慢慢地更換各式各樣有利於你的設備，你認為你還是你嗎？我相信真正會發生的是，我們將繼續進行逐步更換和強化這種情境，直到最終我們大部分的思想都儲存在雲端。我們對本體做出的信念之躍是，透過構成我們是誰的資訊模式之連續性，我們的本體將得以保存。連續性允許持續改變，因此，就算我跟昨天的我有些不同，但我仍然有著相同的本體。然而，構成我本體的模式連續性並不依賴基質。生物基質是美妙的，它已讓人類有相當大的進展，但我們基於一些充分理由，正在創造一個更有能力也更持久的基質。

（這是非常清楚的說明，由一個科學家來闡述，非常有說服力。）

（十二）科技將會持續的發展，會跟持續發明中的智慧技術融為一體。血液中的智慧奈米機器人會偵測我們的細胞核分子，維持我們的健康狀況。這種奈米機器人還會以非侵入性的方式，透過毛細血管進入我們的大腦，跟我們的生物神經元互動，直接擴展我們的智慧。這種事不再是遙不可及。目前如血液細胞一般大小的裝置已經問世，這種裝置可以治療動物的第一型糖尿病，或檢測及破壞血液中的癌細胞。依據加速回報定律，在未來三十年，這些技術的效能會比現在強大十億倍。

（而最近特斯拉的馬斯克也宣布AI將跟人類的大腦神經做整合，讓人類不會被機器人超越。）

（十三）生物演化需要創造的最後一項發明，就是「大腦新皮質」，終將讓人類創造出人類本身所需的最後一項發明，也就是名符其實的智慧機器人。而在這種情況下，我們注定要喚醒宇宙，利用非生物形式讓人類的智慧得以擴展到宇宙中，才能為宇宙的命運做出明智的抉擇。

（這一段所說的，我們相信未來可以達成，事實上也是可以，但我們更希望，你和我現在的意識，就是靈魂，可以長存，而不是我們的下一代，這就是我們要努力的目標。）

★批閱（寫下你的看法）

十一、科技發展之我見

從西元一七七一年工業革命開始，西元一八二九年蒸汽機和鐵路革命，西元一八七五鋼鐵及電力相關革命，西元一九〇八年石油、汽車及大量生產革命，西元一九七一年資通訊革命，西元二〇一六年人工智慧革命。短短百年間，科技不可同日語。

今年（2019年），為登月五十周年紀念日。科技發展讓你想像不到。有哪些技術，可以讓人「長生不死」，茲條列於下（節錄相關報章雜誌）。

（一）3D列印技術

美國國防部高級研究計畫局規畫未來三十年的技術願景，認為3D列印很可能在二〇四五年前實現大規模應用，除改變製造業，若與合成生物學、材料科學、奈米科技等領域結合，到時還可能生產全部替代器官。這個意義代表「長生不老野心可以實現」。長生不老再進一步，就是長生不死了。

（二）冷藏人體帶來永生的希望

根據Alcor生命延續基金會的資料，人體冷藏法似乎可行。

（三）奈米科技實現不老夢想

知名未來學家戴曼德斯（Peter Diamandis）認為在科技的協助下，人類平均壽命已藉由消除致命疾病的影響而延長，若要進一步達成延年壽命、甚至長生不死，看來不再是遙不可及的夢想。這些夢想都可以透過醫療奈米科技達成。

而人類正朝向「介面心智機器」邁進，也就是未來人腦的知覺能上傳到電腦，然後傳送到一個新的個體，這個個體甚至也是實驗室培養出來的，如此便能達到延續「生命」的目的。

同時奈米碳管可以取代神經生物突觸，進而複製人類大腦。

（與我有同感，但我更進一步了。）

（四）腦波意念革命，翻轉人機科技

腦波測量從醫學界邁向科技界，「腦波意念控制」成為各界關注的革命性人機介面應用技術。而簡單的說就是腦波可以控制機器。

最新的產品為腦波儀，可以操作軟體，若是更進一步發展，腦波可以控制機器，那麼意識當然可以控制機器，長生不死就近在眼前了。

（五）新型傳感器、光譜儀等

這一種新型傳感器，可以附在眼鏡上探測眨眼動作。以後只要眨眼就可以開關家用電器，甚至做出更多且複雜的動作。再透過分光光度計及光譜儀配合，或許偵測靈魂就可以實現。

（六）多重恆溫箱

目前的技術沒有問題，但是要確保一百年到五百年都能維持一定溫度的室內環境，這也不簡單，但對我們來說是沒問題的，畢竟人類都要上火星了，這種恆溫箱將被打造成「靈魂載具」，來存放我們靈魂。

其他不再一一臚列了。

所以你看，機器人加上人工智慧。透過生物科技延緩人類衰老，同時又有腦波儀的推出，甚至還有要複製你的意識（靈魂），這不難想像，除了腦袋以外，都將人工化。

所以再持續發展百年，人類不知道將發展到何種地步，你我難道不會有興奮感，長生不死將變為可能。

未來太空船將帶著你現在的意識（靈魂），加上人造軀體，帶上3D列印機器，做長途遠征，將可到達距離現在百年、千年、萬年之遠的地方殖民，人世間哪還有比這更刺激的事？

★批閱（寫下你的看法）

十二、戰爭是科技進步的動力

人類科技的進步，戰爭是一個很大的誘因，比如史上鋼鐵船、飛機、火箭、登月、衛星等等，都跟戰爭脫不了干係，因此假如天下太平，科技的發展及突破將會有限。

殷鑑不遠，美蘇的對抗，促進了太空的發展，美中貿易，也因5G科技而引起，所以有時競爭才能加快人類的進步。

因此人類的衝突，還是我們要達成「長生不死」的必然之惡。這也是我們要深思的。

★批閱（寫下你的看法）

十四、不死是因為慈悲

人都怕死，這讓我想到了一般的昆蟲或是動物，都是怕死，驅吉避凶，這是生物的本性。

這讓我有另一個體悟，就是人基本上就是獸性，擁有生物的本性，不論何時何地，基本上應該都是怕死。

但現實上，有些人不怕死，不論是什麼原因，他會選擇自殺，我認為這是達到了人性，比獸性更進一步了，沒有不好。可是這還不夠，我們應該追求的是神性。

甚麼是神性，就是當你的人生責任已了，活著已經沒有甚麼意義時，主動選擇死亡有何不可。但是因為還有很多在乎你的人，你的死亡可能會造成他們的傷害及痛苦，比如你年邁的雙親，幼小的子女，無助的配偶等等，所以你基於慈悲，選擇活著，俟機來開導他們。

基於慈悲，你會好好的活著，但你也知道，生命有時由不得自己，比如，你可能車禍變成植物人，因高血壓身體意外中風，甚至開始失智，因此如何預防，以免造成，在乎你的人痛苦。

具有神性的人，心理上必須要有一個中心目標及方法。

我想就是對「長生不死」的追求。

★批閱（寫下你的看法）

十五、解決長期照護之我見

現在已是老人滿街跑的時代了，老人是悲慘的，不管有錢沒錢，終究是要躺在病床上的，當你躺在病床時，你還有甚麼樂趣可言？根據新聞的轉述，我們老人在病床的時間約七年，而北歐芬蘭人已把老人在病床的時間減為二個禮拜，芬蘭解決的方法就是讓老人健康，生活能自理，直到體衰到要死前，才去醫院。但畢竟仍須躺在病床上死去，死前你的身體還是痛苦的。

而解決這個情況，惟有我的長生不死計畫，可以解決這個問題，因為透過我們的方法，老人可以在死亡生病前，把功練好，自行羽化登仙，不用去醫院，同時羽化登仙時只是身體死了，靈魂還是存在的，由於是自行煉功分離身體和靈魂，所以身體不會痛苦。

老人要有尊嚴地活下去，就要有希望，而這一個希望就是你可能不會死，如此你的生命才有了色彩，而且可以一直陪伴你到死亡。所以若我的長生不死計畫能夠普及，或許長照機構就要關門了，這是我這個長生不死計畫的最佳副產品了。

不錯喔！

我們想，到了老年，每天只是起床，吃早飯，去運動，看新聞，看電視，吃午飯，午休一下，看電視，吃晚飯，看電視，吃藥，睡覺，早睡早起，等著一天一天的衰老。意義何在？想要管管年輕人，說教說教，刷刷存在感，何苦呢？年輕人是年輕人，他們有他們的世界，不要去干擾，不要忘了，你也有過年輕的階段。

老年人一直都想打入年輕人的世界，這樣他就會感覺自己年輕不少，但他有沒有想過，年輕人很喜歡跟你在一起嗎？享受你經驗的傳承嗎？我可不認為，這就是為什麼，歷來年輕人與老年人一直有代溝，因為老年人總是自私及固執的。

所以人若只有一世，夠了，該走了。不要老想家有一老，如有一寶的欺世之言。當然這是我們目前六十歲的人，應該有的想法，而比我們年紀大的人，我們不應苛求。

除非你習慣獨立的享受生命，同時你又有多餘的資產，能夠自立自強，那麼就優雅地活下去。否則就加入我們的研究計畫吧！

★批閱（寫下你的看法）

十六、名人語論

近年來有關長生不死之新聞，臚列於下，還滿有趣的。

（一）大滿貫王費德勒將滿三十八歲時，已縱橫網壇二十年，媒體問他如何總結二十年職涯？他說：「過得太快了，我還一直覺得昨天的自己只是一個大三學生。」

（沒錯，若你一直很認真的工作，時間是過得很快。）

（二）任正非有一次接受訪問時，提到交棒議題時，說道：「至於我的退休計畫，取決於他們何時能夠發明一種長生不老的新藥。」

（時間過得很快，長生不老的藥要趕快發明吧？不要只顧著5G，來不及了。）

（三）張忠謀一〇六年十月二日曾說過，「人如果可以長生不老，我會做下去。過去三十年是我人生最快樂的時光。」

（是的，罵人總是快樂的，還沒見過被罵的人快樂。）

（四）蔡明忠說：「AI不可能有一天突然變成HI（Human Intelligence）」。

（當然不會突然，是一步一步來。）

（五）李嘉誠也曾對記者說過，我願意以一半的財產來跟你的青春交換。

（也是來不及了！）

★批閱（寫下你的看法）

結語

這個計畫，必須要有多人投入，才有可能成功，我想前後約要有一千人，成功機率大概為百分之一，因此大概約有十人可以達成，當然保存這十人以及日後的投入者煉功完成的靈魂，以及作為一個保存這靈魂個體的守護者，投入者必須要有很大的決心才可以，所以這不是一般普羅大眾可以接受的，當然我們也不需要張揚，不用讓一般大眾了解，畢竟這一觀念並非大家可以接受。

由於這個計畫並非一蹴可及，必須透過時間的淬鍊才有可能，因此整個計畫並非簡單，所以才會寫一本書做為行動指南，不僅本人可以依階段執行，同時對於有興趣的人，也可以給予信心，同時本計畫不是空洞的計畫，本書也登載了本人從最初到現在的想法，我也希望借由此書的觀念，能夠拋磚引玉，讓更多人參與。

我的啟示感言，每則後面會有一個「批閱」欄位，用來表達閱讀者的不同感想，或者批判或認同，這些意見屆時我們會在本行動指南的第二版出版時，增列出來，讓未來的投入者參考，相信這對於欲要煉功者會有很棒的參考價值。

本書最後附有「煉功日記」空白頁，屆時可以透過股東會員的煉功日誌，能讓將來要加入者做為參考，能夠集思廣益，就能眾志成城。

這部書不厭其煩的說明這個計畫的實施方式，同時如何煉功，所以讀者應該也很清楚，當然最重要的還是親自煉功，就算現在沒有時間，也必須隨時提醒自己，現在不努力投入，以後一定會後悔，如此就會把世俗瑣事，儘快的把它完成，而後積極地來煉功。

本書的出版乃本人不得已而為之，因為假如只有我一個煉功，不可能有成果，因為如同本書所說的，很多實驗必須多人從事，同時投入者也有可能成為犧牲者，這些都是實驗下，可能發生的事，有些先行投入者都可能會成為烈士，這也不得已，因此我把投入者限定在六十歲以上，因為這一個計劃有一定的風險，而且時間較長。

因此尋找志同道合的人很重要，投入者不只要入股成為股東，他也必須是煉功者的會員，不能只投資不煉功，同時加入煉功者，也要成為股東，雖然這個條件似乎有點嚴格，但這是我想到最好的方式，避免本計畫讓人以為是詐騙集團。我們必須把複雜的事簡化，才能安心煉功，實現我們的計畫。

最後感謝出版本行動指南前，得到很多人的支持，雖然有些人沒有符合我們的條件，但假以時日，他們必定會有機會加入，因為一個人煉功的時間，預估長達四到五年，所以他們還是有機會，加入我們的計畫。

更希望本書對想加入的人有所幫助，這是本書出版的最大目的。

附錄

筆者一個月煉功日記

民國一〇八年

八月一日

今天下午要開始煉功，昨天已預先嘗試了晚上一個小時的煉功，但思緒煩亂，所以應該想辦法平靜思緒，才有辦法練氣。想到用「行、住、坐、臥」交替練習，達到一天一個半小時即可，持續一個月看看。

下午開始練習，很難靜心練氣五分鐘，因此交錯採取站立灌氣五分鐘，靜心灌氣十分鐘，再來坐著練靜心十五分鐘，再來躺著做十五分鐘，最後練甩手功十五分鐘，是用李嗣涔博士的方法。合計做到一小時。

晚上時段，用站著練氣三十分鐘，很難靜心，用靜心度時間，比用運動、看書、看電視來度時間難多了，因此必須要有恆心及毅力完成，變成是很重要的一件事。

看明天了。

八月二日

第二天了

下午時段，回家午休後，想在床上煉功一下，一下子就過了四十五分鐘，不知是否有睡著，應該不會，都有注意呼吸的節奏。然後起身煉功灌氣，感覺丹田厚實多了，時間約十分鐘，接下來做甩手功約五分鐘。達陣。

晚上時段，前往腳底按摩後，去事務所煉功三十分鐘。先是站立煉功，但有一點累，改為坐在椅子上，靜心煉功，但實在是度時如年，還差十二分鐘，繼續再練，毫無氣的流動，終於練完了。要改進。

八月三日

今天早上在事務所辦事，由於中午小孩在父親節前要請吃飯，所以在事務所煉功，在辦公椅做約五十分鐘，飯後回家，在床上做了十分鐘。

晚上有一點累，沒做。

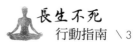

八月四日

今天早上去打太極拳，約一個半小時，是有請老師指導的，每星期固定。

下午回家休息，也沒煉功。

晚上勉強練了十分鐘。

所以真的要煉功，還真不容易。

八月五日

若煉功每日未達標準的，應強迫後面幾日補齊。試看看。

下午時段，躺著煉功，不錯，時間過得很快。

晚上時段，前五分鐘灌氣，七分鐘站立煉功，後面十八分鐘用甩手功，甩了約八百下，由於可以數息，所以較為專心，同時時間也過得比較快，未來要運用上。

八月六日

下午時段，躺著煉功一小時。

晚上時段，前七分鐘灌氣，後面二十三分鐘用甩手功，甩了約一千下。感覺還好。

八月七日

今天早起煉功嘗試，約五點起床，煉功一小時，試看看。

下午時段，躺著煉功，被工作電話打擾，只做好四十八分鐘，要再補齊，所以沒有干擾的時間選擇，很重要。

晚上時段，二十分鐘做站立煉功，用數息方式，可以做比較久。十分鐘做甩手功，甩了四百下。

丹田之氣沒感覺。

八月八日

下午時段，十三分鐘躺著煉功，十分鐘練甩手功，再躺著繼續練三十七分鐘。

晚上時段，站立數息煉功一百下，約十七分鐘，甩手功四百下，約八分鐘，另外五分鐘灌氣。

站立煉功，慢慢數息不錯，以後可以用。

八月九日

本日為颱風天放假日。

皆用躺著煉功約一點五小時。

颱風天，煉功日。

八月十日

本日星期六，未去事務所，因此在家躺著煉功，約一點五小時。

雖然是放假日整天在家，依舊沒有多增加時數煉功，代表著想要靜心煉功不簡單，瑣碎雜事依然占滿整日思緒。

八月十一日

今天早上太極拳練拳。

下午去做全身按摩抒壓，沒有煉功，必須改進，明天一定要正常。

八月十二日

下午時段，煉功六十分鐘。

晚上時段，站立數息煉功一百下，約二十分鐘，練甩手功，甩了約四百下，約十分鐘。達陣。

但沒有感覺有氣集中。

八月十三日

今天公事煩雜，心情不佳，所以只有躺著練了三十分鐘。

所以排除生活冗事，是很重要的一件事。

八月十四日

下午時段，躺著煉功一小時十三分鐘。

晚上時段，站著練氣五十下，加上甩手功約四百下，合計十七分鐘。好！

再表達一次，有恆心有毅力是不容易的。

八月十五日

事務所人員問題，故未煉功。

八月十六日

事務所人員問題，整日在事務所忙，故未煉功。

時間過得真快，一下子，一個月就過了一半，歲月不饒人喔！

八月十七日

星期六，花時間在本書的校稿，不自覺得時間就過了，沒有煉功。

八月十八日

下午時段，全身按摩，接著，躺著煉功一小時，無甚感覺。

八月十九日

早上因公事之故，在事務所椅上煉功六十分鐘，回家後坐著靜心三十分鐘。

勉強完成。

八月二十日

事務所人員面談，分心無法煉功。

八月二十一日

嘗試早上上班前煉功，看來可以，若把煉功當成一天中最重要的事，而且不會受到干擾，應該排在早上為宜。由於今天仍忙於公事，無法煉功。所以未來改為早上五點到六點，不知如何？改天做做看。

八月二十二日

早上時段，上班前躺椅煉功三十分鐘。

下午時段，躺椅煉功三十分鐘，正襟危坐煉功二十分鐘，不錯。站立灌氣四分鐘。

明天嘗試早上五點起來煉功。

八月二十三日

早上一起床煉功，五點到六點是可以，坐臥各半小時，還好，不會有干擾情況，但精神並非很好，沒關係剛開始而已。

早上上班前，坐著練二十五分鐘，甩手功練了五分鐘。所以早上前就完成整日煉功，然後可以做其他事，有空可以多加練習。

明天颱風又要來，可以在家多多練習了。

八月二十四日

今天颱風天，竟然沒有煉功，在家無所事事，忘了要做甚麼事？難道頭腦老化了，注意，注意！

強化記憶力及日常工作紀錄。

八月二十五日

早上前往打太極拳，回家休息後，亂了步調，也沒煉功，好慘啊！一個月時間快到了，希望明天重拾信心，最後一個禮拜試試。

八月二十六日

下午時段，煉功四十分鐘，效果不佳。

八月二十七日

一早五點起身煉功一小時，感覺有做到，效果仍未顯現。不錯。下午時段，煉功五十分鐘，仍躺著練。要更改方式為佳。

八月二十八日

一早五點起身煉功一小時，感覺還好，有進步一點。晚上時段，靜坐煉功二十分鐘，甩手功練了十分鐘。應該找出最適合自己的方法，多樣化，較能持久。

溫習奧修的靜心之書，二〇一年時看過，再拿出來翻一翻，看如何靜心。

八月二十九日

一早五點起身煉功，感覺不錯，又進步一點。
下午時段，躺著練十五分鐘，甩手功練了十分鐘，站立灌氣約五分鐘。
晚上時段，主要看奧修書籍，學習靜心方法。

八月三十日

一早五點起身煉功，感覺有做到，效果一樣。

八月三十一日

最後一天，放自己一天假。
總結感想如下：
要確定心中沒有雜念，才有效果。
每天煉功時段要慎選，而且沒有干擾。

練氣方法，尋找最適合自己的方法。
恆心及毅力，要好好培養。
每天記錄有助於持續煉功。

訂定未來目標，和各位一起加油！

空白煉功日誌

本空白煉功日誌，請自行撕下，影印備用。

年　月　日	
星期	
天氣	

年　月　日

星期

天氣

年 月 日	星期	天氣

年　月　日

星期

天氣

年 月 日

星期

天氣

年 月 日

星期

天氣

參考書目

《新譯抱朴子》（上、下），李中華注譯，三民書局。
《新譯樂育堂語錄》，戈國隆注譯，三民書局。
《新譯性命圭旨》，傅鳳英注譯，三民書局。
《新譯養性延命錄》，曾召南注譯，三民書局。
《新譯老子想爾注》，顧寶田、張忠利注譯，三民書局。
《新譯无能子》，張松輝注譯，三民書局。
《新譯悟真篇》，劉國樑注譯，三民書局。
《新譯道門觀心經》，王卞注譯，三民書局。
《新譯長春真人西遊記》，顧寶田注譯，三民書局。
《新譯周易參同契》，劉國樑注譯，三民書局。
《新譯坐忘論》，張松輝注譯，三民書局。
《新譯神仙傳》，周啟成注譯，三民書局。
《新譯列仙傳》，張金嶺注譯，三民書局。

《新譯黃庭經・陰符經》，劉連朋、顧寶田注譯，三民書局。
《禪與道概論》，南懷瑾述著，老古文化。
《靜坐修道與長生不老》，南懷瑾著，老古文化。
《中國仙道之究竟》第一集，王德槐著。
《中國仙道之究竟》第二集，王德槐著。
《中國仙道之究竟》第三集，王德槐著。
《中國仙道之究竟》第四集，王德槐著。
《中國仙道之究竟》第五集，王德槐著。
《中國仙道之究竟》第六集，王德槐著。
《修仙寶典（天機祕文）》，王德槐著。
《科學狂想實驗室》，蘇・尼爾森等著，商周文化。
《人類大命運》，哈拉瑞著，天下文化。
《科學氣功》，李嗣涔著，三采文化。
《絕對好奇：長生不死的人》（DVD），Discovery Channel
《商業週刊》相關期數。

《維基百科》。
《華人百科》。

國家圖書館出版品預行編目資料

長生不死行動指南／陳弘裕著.　--初版.--台北市：浩氣長存生命科學，2019.12
面；　公分
ISBN 978-986-98360-0-5（平裝）
1.道教修鍊　2.長生法
235.1　　108016892

長生不死行動指南

作　　者　陳弘裕
發 行 人　陳鉅洲
出　　版　浩氣長存生命科學股份有限公司
台北市松山區光復南路13巷4之5號2樓
電話：0928-381383
設計編印　白象文化事業有限公司
專案主編：吳適意　經紀人：徐錦淳
經銷代理　白象文化事業有限公司
412台中市大里區科技路1號8樓之2（台中軟體園區）
出版專線：（04）2496-5995　傳真：（04）2496-9901
401台中市東區和平街228巷44號（經銷部）
購書專線：（04）2220-8589　傳真：（04）2220-8505
印　　刷　基盛印刷工場
初版一刷　2019年12月
定　　價　320元